ERDŐS JÓZSEF
PRILESZKY CSILLA

Halló, itt Magyarország!

MAGYAR NYELVKÖNYV
KÜLFÖLDIEKNEK

I.

ERDŐS JÓZSEF
PRILESZKY CSILLA

Halló, itt Magyarország!

MAGYAR NYELVKÖNYV
KÜLFÖLDIEKNEK

I.

AKADÉMIAI KIADÓ

A fedélen Török György felvétele látható

A kazetták hangfelvételét
a Muszty-Dobay Bt. készítette

Lektorálta
Kovácsi Mária

Az illusztrációkat készítette
Lahoczki Károly

ISSN 963 05 7577 9 - összkiadás
ISBN 963 05 8303 8 - I. kötet

Kiadja az Akadémiai Kiadó Rt.,
az 1795-ben alapított Magyar Könyvkiadók és Könyvterjesztők Egyesületének tagja.
1117 Budapest, Prielle Kornélia u. 19.
www. akademiakiado.hu

Első kiadás: 1992
Második, többnyelvű szószedettel bővített, javított kiadás: 1995
Harmadik, felújított és bővített kiadás: 2001
Negyedik, javított kiadás: 2002
Változatlan utánnyomás: 2005

Printed in Hungary

Tartalomjegyzék

Előszó

Könyvünket elsősorban azok számára készítettük, akik úgy akarnak megtanulni magyarul, hogy nyelvtudásukat az első naptól kezdve a mindennapi életben felhasználják. Ugyanakkor arról sem mondtunk le, hogy a tanulónak olyan nyelvtani alapot adjunk, amelyre a későbbiek során, nyelvtudása továbbfejlesztésekor biztosan támaszkodhat.

Fő célunknak megfelelően végigvezetjük a tanulót azokon az alapvető szituációkon, melyekkel magyarországi élete, a magyarokkal való érintkezése során találkozhat, bemutatjuk a legfontosabb beszédhelyzeteket. A szókincs és a nyelvtani jelenségek kiválasztásakor végig szem előtt tartottuk kettős célkitűzésünket.

Mivel könyvünket egyaránt szánjuk csoportos és egyéni, tanári segítséggel történő, illetve önálló tanulásra, nagyon vigyáztunk az áttekinthetőségre és érthetőségre, ugyanakkor elkerültük a nyelvtani magyarázatok és – a D rész kivételével – az írott feladatmegadások alkalmazását. A nyelvtan bemutatásakor alkalmazott szemléltetési rendszer és a könyv áttekinthetősége lehetővé teszi, hogy a tanuló, miután az első leckékben a könyvet megismeri, minden gond nélkül önállóan is folytathassa a tanulást.

Könyvünk két egymásra épülő kötetből áll, melyekhez egy-egy 60 perces hangkazetta tartozik. Mindkét kötet 20–20 leckét tartalmaz. A kötetek végén a legfontosabb nyelvtani formákat bemutató összefoglaló táblázatok és a kötetben előforduló új szavak betűrendes jegyzéke található. A szójegyzékben vastag betűvel kiemelt szavakat tekintjük alapszókincsünknek.

A leckék felépítése egységes, egy kivételével minden lecke 7 oldalból áll. A lecke egyes fő részeit A, B, C és D betűvel jelöltük.

A   A mindennapi élet legfontosabb témáit, helyszíneit és beszédhelyzeteit bemutató szöveg.

B   A beszédkészség fejlesztését szolgáló képes gyakorlatok, valamint egyéb, az élő szó- és írásbeli nyelvhasználatba bevezető feladatok. Magukat a mintapárbeszédeket is érdemes gyakorolni, megtanulni, utána pedig a képek segítségével több hasonló párbeszédet építhetünk fel, illetve jelenetet játszhatunk el.

C   A legfontosabb nyelvtani szerkezetek nagyrészt képes bemutatása, valamint a lecke új szavainak jegyzéke. (A **B** részben található gyakorlatok szavainak egy része csak a hátsó szójegyzékben szerepel.)

D   Az írásbeli gyakorlást szolgáló, elsősorban nyelvtani feladatok.

A harmadik, kiegészítő kötetben gyűjtöttük össze mindazokat a segédleteket, amelyek a tananyag feldolgozása során hasznosnak bizonyulhatnak: a leckék D részében található feladatok megoldási kulcsát; az ötnyelvű (magyar, angol, német, francia, olasz) szójegyékét és nyelvtani kifejezések gyűjteményét; valamint az egyes leckék új szókincsének és a legfontosabb nyelvtani szerkezeteinek magyar–angol kontrasztív bemutatását.

A hangkazettákon megtaláljuk az egyes leckék **A** részének szövegeit, valamint a **B** rész mintapárbeszédeinek egy részét.

Részben terjedelmi okokból, részben pedig azért, hogy az egyéni tanuló dolgát megkönnyítsük, kihagytuk azokat a gyakorlatokat, melyek önálló végzése nehézségekbe ütközik. Természetesen a nyelvtanároknak javasoljuk mindazoknak a hagyományos gyakorlási formáknak az alkalmazását, melyeket az adott anyagrésznél szükségesnek látnak. (Kérdés-felelet, szövegátalakítások és egyéb szövegfeldolgozó gyakorlatok, szituációs játékok, szó- és írásbeli szövegalkotás stb.)

Reméljük, hogy könyvünk, túl a nyelvtanuláson, abban is segíteni fogja a tanulót, hogy megismerje Magyarországot és a magyar embereket.

A szerzők

Nyelvtani jelmagyarázat

1. Mondatrészek

A pincér	alany
teszi	állítmány
a bort	tárgy
az asztalra	határozó

A pincér az asztalra teszi a bort .

2. Személyek

1	vagy	⚊	=	én	(engem, enyém, értem stb.)
2	vagy	⚊	=	te	(téged, tied, érted stb.)
3	vagy	⚊	=	ő	(őt, övé, érte stb.)
3̄	vagy	⚊	=	ön	(önt, öné, önért stb.)
1 1	vagy	⚊ ⚊	=	mi	(minket, mienk, értünk stb.)
2 2	vagy	⚊ ⚊	=	ti	(titeket, tietek, értetek stb.)
3 3	vagy	⚊ ⚊	=	ők	(őket, övék, értük stb.)
3̄ 3̄	vagy	⚊ ⚊	=	önök	(önöket, önöké, önökért stb.)

3. Egyéb

≈   hasonlóképpen; ugyanígy

!   figyelem; kivétel

1. LECKE

Milyen ez a szálloda?

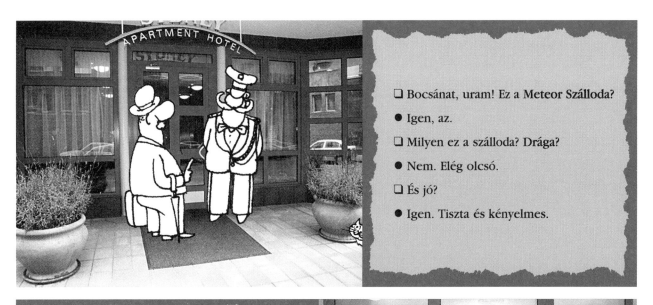

❑ Bocsánat, uram! Ez a Meteor Szálloda?

● Igen, az.

❑ Milyen ez a szálloda? Drága?

● Nem. Elég olcsó.

❑ És jó?

● Igen. Tiszta és kényelmes.

❑ Jó napot kívánok!

● Jó napot kívánok! Tessék parancsolni!

❑ John Miller vagyok.

● Egy pillanat… Igen, John Miller. Ön angol, ugye?

❑ Igen, angol vagyok.

● A hetes szoba. Tessék a kulcs.

❑ Köszönöm.

● Kérem.

❑ Tessék! Ez a hetes szoba.

● Nem túl nagy.

❑ Nem nagy, de világos és kényelmes.

● Az mi? A fürdőszoba?

❑ Nem, az a szekrény. A fürdőszoba ez.

B

1.

> ❏ Nagy János vagyok.
> ● Kovács Péter vagyok. Nagyon örülök.
> ❏ Ön újságíró?
> ● Igen, az vagyok. És ön?
> ❏ Én tanár vagyok.

Dr. Budai Péter
orvos

Kis József
mérnök

Molnár Katalin
tanárnő

Szabó Sándor
sofőr

2.

Anna
francia

Paul
amerikai

> ❏ Szervusz! Péter vagyok.
> ● Szervusz! Éva vagyok.
> ❏ Te magyar vagy?
> ● Nem, lengyel vagyok. És te?
> ❏ Én angol vagyok.

Viktor
bolgár

Karin
német

3.

- ❏ Mi ez?
- ● A Lánchíd.
- ❏ Régi ez a híd?
- ● Elég régi. És szép, ugye?
- ❏ Igen, nagyon szép.

Mátyás-templom

Budapest Szálló

Margitsziget

Szépművészeti Múzeum

nem túl
elég
nagyon

szép	⟷	csúnya
nagy	⟷	kicsi
új	⟷	régi
jó	⟷	rossz
magas	⟷	alacsony
olcsó	⟷	drága
tiszta	⟷	piszkos
világos	⟷	sötét
kényelmes	⟷	kényelmetlen

4.

Kisasszony!

- ❏ Bocsánat, uram! Ön az orvos?
- ● Igen, én vagyok.

Uram!

Asszonyom!

Fiatalember!

Uram!

C

Mi ez ?

Ez a Fórum Szálloda .

Ez egy szálloda .

Milyen a szálloda ?

A szálloda új .

Ez a szálloda új .

Mi az?

Az a Lánchíd.

Az egy híd.

Milyen a híd?

A híd régi.

Az a híd régi.

a *b*íd
a *sz*álloda
az *a*utó
az *o*rvos

Ez szálloda ?

Igen. Ez szálloda .

Ez szálloda ?

Nem. Ez nem szálloda .

Ki ön ?

(Én) Budai Péter vagyok .

Mi ön?
Orvos vagyok.

Ki vagy (te)?

(Én) Péter vagyok .

Mi vagy (te)?
Diák vagyok.

	1	én		vagyok	
	2	te	diák	vagy	
	3	ő			
		ön			

14

SZAVAK

FŐNEVEK
autó
diák
fiú
fürdőszoba
ház
híd
kulcs
lány
mérnök
múzeum
orvos
sofőr
szálloda
szekrény
sziget
szoba
tanár
tanárnő
templom
újságíró

MELLÉKNEVEK
alacsony
amerikai
angol
bolgár
csúnya
drága
francia
jó
kényelmes
kényelmetlen
kicsi
lengyel
magas
magyar
nagy
német
olcsó
piszkos
régi
rossz
sötét
szép
világos
tiszta

EGYÉB SZAVAK
de
egy
elég
hetes (7-es)
igen
nagyon
nem
túl

KIFEJEZÉSEK
Bocsánat!
Tessék!
Tessék parancsolni!
Köszönöm.
Kérem.
Jó napot kívánok!
Ugye?
Egy pillanat!
Nagyon örülök.
Szervusz!
Uram!
Asszonyom!
Kisasszony!
Fiatalember!

D

1. Írja be a határozott névelőt! (a/az)

_az_ autó; _a_ szoba; _____ szálloda; _____ orvos; _____ lány; _____ sziget; _____ mérnök; _____ szekrény; _____ újságíró; _____ híd; _____ tanár; _____ fiú

2. Feleljen a kérdésekre a képek alapján!

Ez autó?
Igen, ez autó.
Igen, az.

Ez szálloda?
Nem, ez nem szálloda.
Nem, nem az.

Ez fürdőszoba?
_____

Ez híd?
_____

Anna magyar?
_____

Ő mérnök?
_____

Szabó Sándor sofőr?
_____

Ő diák?
_____

3. Egészítse ki a mondatokat a létige (van) megfelelő alakjával! (vagyok/vagy/Ø)

Én újságíró _vagyok_. Te nem mérnök __ __ __? Ő bolgár __ __ __. Nagy János magyar __ __ __. Te magas __ __ __. Én alacsony __ __ __. Ön orvos __ __ __? John nem amerikai __ __ __. Te német __ __ __, ugye? Karin nem lengyel __ __ __. Én nem __ __ __ szép. Ő nem sofőr __ __ __.

4. Egészítse ki a mondatokat a hiányzó (ellentétes jelentésű) melléknevekkel!

Ez a lány szép, az _csúnya_. Ez a fiú __ __ __, az alacsony. Ez a szálloda olcsó, az __ __ __. Ez a szoba __ __ __, az sötét. Ez az autó új, az __ __ __. Ez a ház kényelmes, az __ __ __. Ez a fürdőszoba tiszta, az __ __ __. Ez a szekrény __ __ __, az nagy.

5. Keressen mellékneveket a főnevekhez!

JEGYZETEK

2. LECKE

Milyen nyelven beszél?

❑ Bocsánat, kisasszony! Hol van a telefon?

● Ott van a lépcső és a lift között.

❑ Köszönöm.

❑ Bocsánat, uram! Ez az étterem?

◆ Nem, kérem, ez a bár.

❑ És hol van az étterem?

◆ Ott van a lépcső mellett.

❑ John Miller vagyok.

▼ Nagy János. Nagyon örülök.

❑ Ön magyar?

▼ Igen, az vagyok. És ön?

❑ Én angol vagyok.

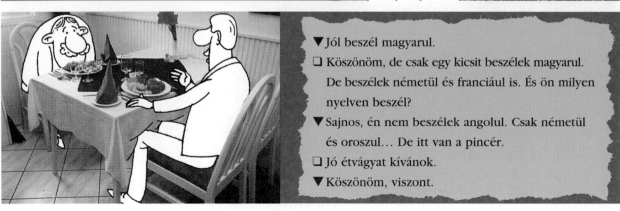

▼ Jól beszél magyarul.

❑ Köszönöm, de csak egy kicsit beszélek magyarul. De beszélek németül és franciául is. És ön milyen nyelven beszél?

▼ Sajnos, én nem beszélek angolul. Csak németül és oroszul… De itt van a pincér.

❑ Jó étvágyat kívánok.

▼ Köszönöm, viszont.

1.

- ❑ Bocsánat, uram! Hol van a posta?
- ● Ott van a szálloda mellett.
- ❑ Köszönöm szépen.
- ● Kérem.

telefon　　　　　kép

buszmegálló

taxi　　　　　(autó)busz

2.

- ❑ Bocsánat, kisasszony! Itt van Szabó úr?
- ● Igen, itt van.
- ❑ Hol van?
- ● Ott áll a telefon mellett.

tanul

ül

pihen

vár

19

3.

❑ Halló! Itt Nagy János beszél.
● Szervusz, János! Hol vagy?
❑ Itt állok a pályaudvar előtt, és várok.
● Jól van. Sietek.

4.

❑ Beszél angolul?
● Nem. De beszélek németül és franciául. És ön milyen nyelven beszél?
❑ Sajnos, én csak angolul beszélek.

Hol van a fa?

A fa **itt** van.

A fa a szálloda **előtt** van.

A fa itt van a szálloda előtt.

Hol van a ház?

A ház **ott** van.

A ház a folyó **mellett** van.

A ház ott van a folyó mellett.

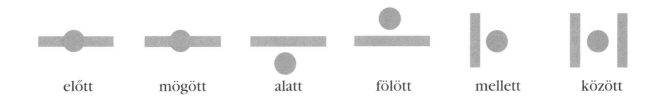

| előtt | mögött | alatt | fölött | mellett | között |

1	én		vagy**ok**
2	te	itt	vagy
3	ő ön		van

		a á o ó u ú	a ~~á o ó u ú~~	
				...ö/ü..
1	én	*á*ll**ok**	beszél**ek**	ör*ü*l**ök**
2	te	áll**sz**	beszél**sz**	örül**sz**
3	ő ön	áll	beszél	örül

Milyen nyelven beszél?

Németül és **angol**ul beszélek.

a á o ó u ú	a ~~á o ó u ú~~
*a*ngol**ul**	német**ül**
-ul	-ül

SZAVAK

IGÉK
áll
beszél
örül
pihen
sétál
siet
tanul
ül
vár

FŐNEVEK
ablak
ágy
ajtó
asztal
autóbusz
bank
bár
buszmegálló
egyetem
épület
étterem
fa
folyó
kép
lámpa
lépcső
lift
pályaudvar
parkoló
pincér
portás
posta
repülőtér
táska
taxi
taxiállomás
telefon

MELLÉKNEVEK
arab
spanyol

EGYÉB SZAVAK
csak
is
jól
sajnos

KIFEJEZÉSEK
Halló!
Jó étvágyat kívánok.
Jól van.
Köszönöm szépen.
Köszönöm, viszont.
Milyen nyelven beszél?
Szabó úr
egy kicsit

1. Alkosson mondatokat a képek alapján!

Az asztal az ajtó mellett van. _

_ _

_ _

_ _

2. Írja be a hiányzó személyragokat!

a) én: áll.o.k; ül. . .; tanul. . .; vagy. . .; beszél. . .; örül. . .

te: örül. . .; áll. . .; siet. . .; vagy. . .

b) tanul.o.k ($\overset{1}{\text{♠}}$); ül. . . ($\overset{3}{\text{♠}}$); beszél. . . ($\overset{2}{\text{♠}}$); siet. . . ($\overset{1}{\text{♠}}$); vár. . . ($\overset{1}{\text{♠}}$);

ül. . . ($\overset{2}{\text{♠}}$); áll. . . ($\overset{3}{\text{♠}}$); örül. . . ($\overset{1}{\text{♠}}$); tanul. . . ($\overset{2}{\text{♠}}$); ül. . . ($\overset{1}{\text{♠}}$)

3. Egészítse ki a mondatokat a hiányzó szavakkal!

a) Ellentétes jelentésű határozószók:

Az asztal lent van, a lámpa _fent_ __.

A portás __ __ __ van, a sofőr kint.

A taxi itt van, a szálloda __ __ __.

b) Különböző névutók:

A szék az asztal __ __ __, a lámpa az asztal __ __ __, a táska az asztal __ __ __ van.

A taxi a szálloda __ __ __, a posta a szálloda __ __ __, a parkoló a szálloda __ __ __ van.

Az asztal az ablak __ __ __, a kép az ablak __ __ __, a szekrény az ablak és az ajtó __ __ __ van.

4. Egészítse ki a szöveget a hiányzó szavakkal és ragokkal!

Én Nagy János __ __ __. Nem ül. . .. Az asztal mellett áll. . ., és beszél. . .. Te beszél. . . francia. . .? Én csak magyar. . . és német. . . beszél. . .. Ki beszél. . . itt angol. . .? Az újságíró. Ő beszél. . . angol. . ., lengyel. . ., spanyol. . . és arab. . .. Hol __ __ __ Péter? Ő az épület előtt vár. . .. Éva nem vár. A folyó mellett sétál. . .. Én nem vár. . . és nem sétál. . .. Siet. . ..

JEGYZETEK

3. LECKE

Mit parancsol?

- ❏ Kérem szépen, hol van a büfé?
- ● Fent a második emeleten, a lift mellett.
- ❏ És az iroda?
- ● A másik épületben: földszint ötös szoba.
- ❏ Köszönöm szépen.

- ◆ Mit parancsol?
- ❏ Egy kólát kérek és két pogácsát.
- ◆ Még valamit?
- ❏ Egy kávét is kérek.
- ◆ Tessék.
- ❏ Köszönöm. Mennyit fizetek?
- ◆ Két pogácsa, egy kóla, egy kávé – az 320 forint.

- ▼ Mi a neve?
- ❏ Albert Green vagyok.
- ▼ Hány éves?
- ❏ Huszonegy.
- ▼ Milyen nemzetiségű?
- ❏ Angol vagyok.
- ▼ Mi a címe?
- ❏ Itt, Magyarországon?
- ▼ Igen.

- ❏ XI. kerület, Mérnök utca 5., III. emelet 2.
- ▼ Mi a foglalkozása?
- ❏ Diák vagyok.
- ▼ Hol tanul?
- ❏ A Budapesti Műszaki Egyetemen.
- ▼ Köszönöm. Rendben van.

B

1.

❑ Kérem szépen, hol van a magyaróra?
● Az E épületben.
❑ Hányadik emeleten?
● A nyolcadikon.
❑ Hányas teremben?
● A négyesben.

Laboratórium	F III/2	Stúdió	B VIII/15
Könyvtár	D II/5	Étterem	C F
Pénztár	A F/1	Vizsga	H V/4

2.

❑ Tessék!
● Kérek egy füzetet és egy borítékot.
❑ Még valamit?
● Egy doboz gyufát is. Mennyit fizetek?
❑ Egy füzet, egy boríték és egy doboz gyufa – az 65 forint.
● Tessék. Köszönöm.
❑ Én köszönöm.

3.

Ki az?

❑ Itt van a teremben?
● Igen.
❑ Német?
● Nem.
❑ Francia?
● Igen.
❑ Péter mögött ül?
● Igen.
❑ Anna.

Mi az?

❑ Itt van a szobában?
● Igen.
❑ Az asztalon van?
● Nem.
❑ A falon van?
● Igen.
❑ A kép.

ceruza, toll, füzet, könyv, kép, táska,
asztal, szekrény, szék, fal, föld stb.

Hány?	
1 egy	20 húsz
2 kettő (két)	21 huszonegy
3 három	30 harminc
4 négy	40 negyven
5 öt	50 ötven
6 hat	60 hatvan
7 hét	70 hetven
8 nyolc	80 nyolcvan
9 kilenc	90 kilencven
10 tíz	100 száz
11 tizenegy	1000 ezer

1991 ezerkilencszázkilencvenegy

Hányadik?	Hányas?

-o-
-a-
-e- } -dik
-ö-

-o-
-a-
-e- } -s
-ö-

1. *első*	egyes
2. *második*	kettes
3. ha*rm*adik	há*rm*as
4. negyedik	négyes
5. ötödik	ötös
6. hatodik	hatos
7. hetedik	hetes
8. nyolcadik	nyolcas
9. kilencedik	kilences
10. t*í*zedik	tízes
11. tizenegyedik	
12. tizenkettedik	

4.

5.

Családi név: ....

Utónév: ....

Kor: ....

Nemzetiség: ....

Cím: ....

Foglalkozás: ....

Munkahely: ....

NYELVTAN

Hol?

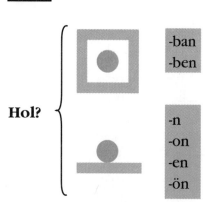

-ban
-ben

-n
-on
-en
-ön

Hol van a táska?

A táska a szekrény**ben** van.

Hol van a telefon?

A telefon az asztal**on** van.

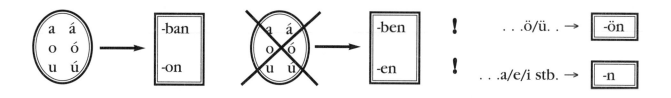

a á
o ó
u ú → -ban / -on

~~a á o ó u ú~~ → -ben / -en

! . . .ö/ü. . → -ön

! . . .a/e/i stb. → -n

Mit?

-t
-ot
-at
-et
-öt

Mit kér Péter?

Péter kávé**t** kér.

Mit?	
kávé**t**	-t
boríték**ot**	-ot
ágy**at**	-at
bélyeg**et**	-et
gyümölcs**öt**	-öt

a á o ó
u ú

! könyv → könyv**et**
híd → hid**at**
stb.

_ _ _a → _ _ _á. . .	kól*a*	→	kól**á**ban, kól**á**t stb.
_ _ _e → _ _ _é. . .	zseml*e*	→	zseml**é**ben, zseml**é**t stb.

SZAVAK

IGÉK
fizet
kér
olvas
parancsol

FŐNEVEK
bélyeg
boríték
büfé
ceruza
cigaretta
doboz (-t)
emelet
fal (-at)
forint
föld (-et)
földszint
füzet
gyufa
gyümölcs
iroda
kávé
képeslap
kerület
kóla
könyv (-et)
könyvtár (-at)
magyaróra
pogácsa
rend
rendelő
szék
szendvics
tea
tej
tér (teret)
terem (termet)
toll (-at)
trafik
út (utat)
utca
zsemle

MELLÉKNEVEK
műszaki

EGYÉB SZAVAK
másik
mennyi?
valami

KIFEJEZÉSEK
Kérem szépen!
Mit parancsol?
Még valamit?
Mennyit fizetek?
Mi a neve?
Hány éves?
Milyen nemzetiségű?
Mi a címe?
Mi a foglalkozása?
műszaki egyetem
Budapesti Műszaki Egyetem
Rendben van.
egy doboz gyufa

D 1. Írja be a megfelelő ragokat!

-ban **-ben**	szekrény. . .; szoba. . .; autó. . .; taxi. . .; épület. . .; lift. . .; templom. . .; szálloda. . .; büfé. . .; bár. . .; táska. . .; ház. . .; étterem. . .; bank. . .; fürdőszoba. . .; utca. . .; rendelő. . .; trafik. . .

2. Írja be a megfelelő ragokat!

-n **-on** **-en** **-ön**	asztal. . .; szekrény. . .; emelet. . .; pályaudvar. . .; posta. . .; földszint. . .; egyetem. . .; könyv. . .; út. . .; ágy. . .; taxi. . .; tér. . .; Buda. . .; Budapest. . .; Magyarország. . .; repülőtér. . .; boríték. . .; fal. . .; szék. . .; föld. . .; gyümölcs. . .; híd. . .

3. Írja be a megfelelő ragokat!

-t **-ot -at** **-et -öt**	füzet. . .; tea. . .; kávé. . .; zsemle. . .; fal. . .; szendvics. . .; cigaretta. . .; boríték. . .; gyümölcs. . .; bélyeg. . .; ceruza. . .; képeslap. . .; toll. . .; tej. . .; ház. . .; könyv. . .; föld. . .

4. Hol? Egészítse ki a mondatokat a hiányzó ragokkal!

A portás a földszint.en áll. Az orvos a rendelő. . . ül. A könyv a táska. . . van. Te az egyetem. . . tanulsz. A kulcs az asztal. . . van. A parkoló. . . várok. Éva a szoba. . . pihen. A táska a föld. . . van. Anna a könyvtár. . . olvas. A szálloda az V. kerület. . . van. Az autóbusz a híd. . . áll. A Margitsziget. . . sétálok.

5. Mit? Egészítse ki a mondatokat a hiányzó ragokkal!

Két zsemle. . . kérek. Nem kérek tej. . .. Mi. . . kérsz? Kati nem kér szendvics. . .. Kérsz gyümölcs. . .? Ő kóla. . . kér, én tea. . ..

6. Egészítse ki a mondatokat a hiányzó ragokkal!

Itt tanul. . . ( ). Nem siet. . . (﹖)? Ő is beszél. . . angolul. Az ablak mellett ül. . . (﹖). Én pihen. . . , te tanul. . ., ő sétál. . ..

7. Egészítse ki a főneveket a megadott számnévvel, illetve melléknévvel!

5 __öt__ __ __ __ __ __; 5. (V.) __ _az ötödik_ __ __; 5 __ _az ötös_ __ __;

3 __ __ __ __ __ __ __ __ szoba; II. __ __ __ __ __ __ __ emelet; 2 __ __ __ __ __ __ __ épület;

3. __ __ __ __ __ __ __ lecke; 15 __ __ __ __ __ __ __ terem; 10 __ __ __ __ __ __ pogácsa;

298 __ __ __ __ __ __ __ forint; 12. __ __ __ __ __ __ __ magyaróra;

112 __ __ __ __ __ __ __ szoba; 7 __ __ __ __ __ __ autóbusz; 32 __ __ __ __ __ __ __ éves;

6 __ __ __ __ __ __ zsemle; XII. __ __ __ __ __ __ __ kerület; 24 __ __ __ __ __ __ __ forint;

5 __ __ __ __ __ __ autóbusz; 52 __ __ __ __ __ __ __ könyv

8. Olvassa el a szöveget, majd mondjon/írjon hasonló szöveget első és második személyben!

Ez Albert. Ő angol. 21 éves. Diák. A Budapesti Műszaki Egyetemen tanul. Nem beszél németül, de beszél franciául. Magyarul tanul Budapesten. Most a könyvtárban ül, és olvas.

Én __ __ __ vagyok. __ __ __ __ __ __ __ __

Te __ __ __ __ __ __ __ __ __ __ __ __ __ __

JEGYZETEK

4. LECKE

Mennyibe kerül?

- ☐ Szia, Zsuzsa!
- ● Szia, Albert!
- ☐ Hova mész?
- ● A Corvin Áruházba. És te?
- ☐ Én csak ide megyek, az egyetemre.
- ● Szia!
- ☐ Szia!

- ● Bocsánat, uram! Ez a villamos megy a Blaha Lujza térre?
- ◆ Nem, kérem. Ez nem oda megy. Ez a Moszkva térre megy.
- ● És hányas villamos megy a Blaha Lujza térre?
- ◆ A 6-os. Ott van a megálló a másik oldalon.
- ● Köszönöm.

- ▼ Mit parancsol?
- ● Egy könnyű nyári cipőt keresek.
- ▼ Milyet kér? Olcsót vagy drágát?
- ● Egy nem túl drága, de jó cipőt.
- ▼ Milyen színűt?
- ● Barnát.

- ▼ Hányasat?
- ● Harmincheteset.
- ▼ Tessék. Ez a barna cipő nagyon jó és divatos.
- ● Nem rossz. És mennyibe kerül?
- ▼ Csak 8000 forintba. Jó lesz?
- ● Igen. Köszönöm.
- ▼ Én köszönöm. Viszontlátásra!

1.

□ Mit parancsol?
● Egy inget kérek.
□ Milyen színűt?
● Zöldet.
□ Hányasat?
● Negyveneset.
□ Tessék. Ez egy nagyon szép ing.
● Igen, nem csúnya. Mennyibe kerül?
□ 2800 forintba. Jó lesz?
● Igen. Köszönöm.

B

piros	⬭	fehér	⬭
kék	⬭	szürke	⬭
zöld	⬭	barna	⬭
sárga		fekete	⬭

2.

□ Bocsánat, uram! Hova megy ez a villamos?
● A Moszkva térre.
□ És hányas megy a Kálvin térre?
● A 49-es és a 47-es.
□ Köszönöm szépen.
● Kérem.

3.

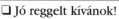

❑ Jó reggelt kívánok!
● Jó reggelt kívánok!
❑ Hova megy?
● A postára. És ön?
❑ Én a könyvtárba.
● Viszontlátásra!
❑ Viszontlátásra!

Jó reggelt

Jó napot } (kívánok)!

Jó estét

Viszontlátásra!

Jó éjszakát (kívánok)!

Kezét csókolom!
Csókolom!
Szervusz!/Szevasz!/Szia!

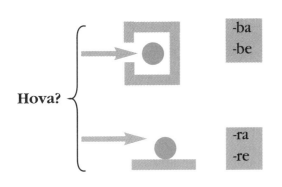

megy

én	megyek
te	mész
ő ön	megy

Mit?

-l,	-r
-n,	-ny
-j,	-ly
-s,	-sz
-z,	-zs

→ -t

pulóver*t*
szekrény*t*
villamos*t*
blúz*t*
stb.

! to*ll*at
há*z*at
fa*l*at
te*j*et
stb.

Hányat?

egy**et**
kettő**t**
hár**m**at
négy**et**
negyven**et**
hatvan**at**
stb.

Milyet?

kicsi**t**
kék**et**
piros**at**
fehér**et**
alacsony**at**
! nagy**ot**

! arab**ot**
német**et**

angol**t**
magyar**t**
lengyel**t**
orosz**t**
stb.

Milyen
Hány
Hányadik
Hányas
} busz/busz**t**/busz**on** stb.?

Kék
Három
A második
A hetes
} busz/busz**t**/busz**on** stb.

SZAVAK

IGÉK
megy
kerül
keres

FŐNEVEK
áruház
blúz
bolt
cipő
hegy
ing
kabát
kalap
megálló
mozi
nadrág
oldal
pulóver
ruha
szoknya
troli(busz)
villamos

MELLÉKNEVEK
barna
divatos
fehér
fekete
kék
könnyű
nyári
piros
sárga
szürke
zöld

EGYÉB SZAVAK
ide
oda
pedig

KIFEJEZÉSEK
Szia!
a másik oldalon
Milyen színű?
Nem rossz.
Mennyibe kerül?
Jó lesz?

1. Írja be a ragok megfelelő alakját!

-ba
-be
intézet. . .; mozi. . .; szálloda. . .; szoba. . .; épület. . .; étterem. . .; könyvtár. . .;
templom. . .; büfé. . .; bank. . .; London. . .; lift. . .

-ra
-re
emelet. . .; földszint. . .; asztal. . .; szekrény. . .; posta. . .; Magyarország. . .; Budapest. . .;
tér. . .; híd. . .; a Gellérthegy. . .

2. Írja be a tárgyragokat!

Mit?
szoknya. . .; kabát. . .; nadrág. . .; pulóver. . .; kalap. . .; blúz. . .; ing. . .; cipő. . .; tej. . .;
szendvics. . .; telefon. . .; ház. . .; toll. . .; taxi. . .; villamos. . .; autóbusz. . .; autó. . .

Hányat?
egy. . .; öt. . .; hat. . .; hét. . .; tizenkettő. . .; kilenc. . .; negyven. . .; nyolcvan. . .; száz. . .;
ötven. . .; tizennyolc. . .; huszonhárom. . .; négy. . .; hatvan. . .; kilencven. . .

Milyet?
szép. . .; új. . .; rövid. . .; piros. . .; hosszú. . .; kék. . .; barna. . .; kényelmes. . .; magas. . .;
kicsi. . .; nagy. . .; magyar. . .; angol. . .; francia. . .; lengyel. . .; bolgár. . .; spanyol. . .;
német. . .; orosz. . .; arab. . .

3. Alkosson mondatokat a képek alapján!

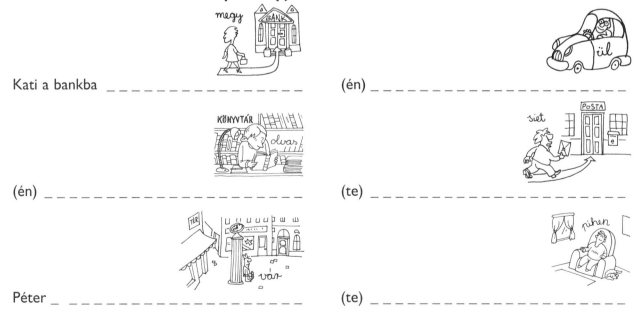

Kati a bankba _ _ _ _ _ _ _ _ _ _ _ _ _ _ _ _ _

(én) _

(én) _

(te) _

Péter _

(te) _

4. Egészítse ki a mondatokat a megfelelő ragokkal!

Én fekete cipőt kérek, Kati piros. . ., Éva pedig zöld. . ..
Kérek egy sárga inget, egy kék. . ., egy fehér. . . és egy barna. . ..
Te negyvenes cipőt kérsz? Én negyvenkettes. . ., Anna pedig harminchatos. . . kér.
Hány ceruzát kér? Negyven. . . vagy hatvan. . .?

5. Egészítse ki a válaszokat a megfelelő ragokkal!

Milyen inget kér? Kék ing. . ../Kék. . ..

Hányadik taxiban ül Anna? A negyedik taxi. . ../A negyedik. . ..

Hány zsemlét kérsz? Három zsemle. . ../Három. . ..

Hányas teremben van a vizsga? Az ötös terem. . ../Az ötös. . ..

Hány asztalon van lámpa? Hat asztal. . ../Hat. . ..

Hányas cipőt kér? Harmincnyolcas cipő. . ../Harmincnyolcas. . ..

JEGYZETEK

5. LECKE

Lakást keresünk

Albert: Szia, Viktor! Hova mész?

Viktor: Az utazási irodába.

Péter: Mi is oda megyünk. Lakást keresünk.

Viktor: Most hol laktok?

Albert: Kispesten lakunk. A lakás nem rossz, de nagyon messze van. És te hol laksz?

Viktor: Én közel lakom, a Körúton. De ez nagyon zajos hely, és rossz a levegő.

Albert: Bérelünk egy lakást együtt. Jó?

Viktor: Nem rossz gondolat. Rendben van.

Férfi: Tessék parancsolni!

Viktor: Lakást keresünk.

Férfi: Most hol laknak?

Viktor: Ők Kispesten laknak, én pedig a Belvárosban.

Férfi: Milyen lakást keresnek?

Péter: Egy modern, két és fél vagy háromszobás lakást.

Férfi: Pesten vagy Budán?

Péter: Inkább Budán.

Férfi: Lássuk csak! Igen ... Itt Kelenföldön van egy szép lakás. Két szoba, két félszoba.

Albert: Kertes házban van?

Férfi: Nem, kert nincs. Egy tízemeletes épületben van, a nyolcadik emeleten.

Péter: Van lift?

Férfi: Természetesen van.

Viktor: És telefon?

Férfi: Az sajnos nincs.

Péter: És mennyibe kerül?

Férfi: Negyvenezer forint havonta. Jó lesz?

Péter: Azt hiszem, igen.

B

1.

Kispesten 2 szobás lakás, kertes ház-ban, az emeleten. Metró. Telefon van. 50 ezer Ft/hó

2,5 szobás, modern családi ház. Nagy kert, garázs. Gáz, hideg és meleg víz. Csendes utca a III. kerületben. 110 ezer Ft/hó

❑ Milyen lakást keres?
● Kétszobásat.
❑ Hol? Budán vagy Pesten?
● Inkább Pesten.
❑ Igen… Van egy kétszobás lakás Kispesten.
● Kertes házban van?
❑ Igen. Egy kertes házban van, az első emeleten.
● Van telefon?
❑ Van. És nagyon jó a közlekedés, közel van a metró.
● És mennyibe kerül?
❑ 50 ezer forint havonta. Jó lesz?
● Azt hiszem, igen.

Családi ház a Szabadság-hegyen. Három szint. Három hálószoba, két fürdő-szoba, garázs. Összkomfort. Telefon. Nagy kert. 145 millió Ft

Budán, a XII. kerü-letben szép, 1,5 szo-bás lakás. V. emelet. Lift van. Erkély, kilátás a Sas-hegyre. 90 ezer Ft/hó

Kis családi ház Budafokon. Két szoba, komfort. Jó közlekedés. Szép kert. 12 millió forint

Modern lakás Óbudán. 70 m². Két és fél szoba, étkező. Erkély. Telefon. VI. emelet. 10 millió 200 ezer Ft

2.

❑ Hol laktok?
● Kelenföldön.
❑ Családi házban?
● Nem. Egy tízemeletes épületben, a hatodik emeleten.
❑ Milyen a lakás?
● Nem rossz: modern és elég nagy. Két és fél szoba, összkomfort.
❑ Kellemes a környék?
● Sajnos nem nagyon. Elég zajos, és rossz a levegő.
❑ És a közlekedés?
● Az jó. A ház előtt van a buszmegálló.

3. Töltse ki az adatlapot a példa alapján!

Adatlap

Vesz ☐ Bérel ☒ Cserél ☐

NÉV: _Szabó Géza_

CÍM: _1157 Budapest XV._

Arany János utca 6.

Tel.: _172 5863_

Milyen lakást keres?

Hely, város, kerület, városrész: _____

Bp., Kelenföld vagy Óbuda

Típus (lakás, családi ház): _családi ház_

Nagyság (szobaszám, m²): _3-4 szoba_

Egyéb (kert, erkély, telefon stb.): _____

kert, telefon, jó közlekedés

Bp. 1999. IX. 25.

Szabó Géza

.... aláírás

Adatlap

Vesz ☐ Bérel ☐ Cserél ☐

NÉV: _____

CÍM: _____

Tel.: _____

Milyen lakást keres?

Hely, város, kerület, városrész: _____

_____

Típus (lakás, családi ház): _____

Nagyság (szobaszám, m²): _____

Egyéb (kert, erkély, telefon stb.): _____

_____

Bp. 2001. _____

.... aláírás

4.

❑ Halló! Kati, itt Péter beszél!

● Szervusz, Péter! Hol vagy? Mit csinálsz?

❑ Itthon vagyok. A szobában ülök, és zenét hallgatok. És ti mit csináltok?

● Televíziót nézünk.

NYELVTAN

1 1	mi	**vagyunk**	**állunk**	**sietünk**	**ülünk**
2 2	ti	**vagytok**	**álltok**	**siettek**	**ültök**
3 3	ők önök	**vannak**	**állnak**	**sietnek**	**ülnek**

!	1 2 3	lak**om** laksz lak**ik**
	1 1 2 2 3 3	lakunk laktok laknak

! -s, -sz, -z

2	olva**sol**	kere**sel**	fő**zöl**

!	1 2 3	megyek m**é**sz megy
	1 1 2 2 3 3	megyünk mentek mennek

van/nincs

Itt van virág.

Itt nincs virág.

SZAVAK

IGÉK
bérel
beszélget
csinál
főz
gépel
hallgat
ír (-ok)
lakik
mos
mosogat
néz
olvas
táncol
vesz

FŐNEVEK
erkély
étkező
félszoba
garázs
gáz
gondolat
hálószoba
kert
kilátás
komfort
konyha
környék
közlekedés
lakás
levegő
metró
négyzetméter (m^2)
összkomfort
szint
televízió
víz
zene

MELLÉKNEVEK
csendes
hideg
kellemes
meleg
modern
utazási
zajos

EGYÉB SZAVAK
együtt
fél
havonta
inkább
itthon
közel
messze
millió
most
természetesen
vagy

KIFEJEZÉSEK
kétszobás lakás
két és fél szobás lakás
tízemeletes épület
kertes ház
családi ház
utazási iroda
Azt hiszem, ...
Nem rossz gondolat.
Lássuk csak!
Rendben van.
nem nagyon
zenét hallgat
televíziót néz

D

1. Írja be a megfelelő ragokat, illetve az igék megfelelő alakjait!

mi   áll. . .; siet. . .; (van) __ __ __; (lakik) __ __ __; főz. . .; bérel. . .; megy. . .; ül. . .; beszélget. . .; ír. . .; mos. . .; mosogat. . .; táncol. . .

ti   beszél. . .; ül. . .; sétál. . .; olvas. . .; kér. . .; főz . . .; (van) __ __ __; (megy) __ __ __; örül. . .; keres. . .; mos. . .; bérel. . .; (lakik) __ __ __; pihen. . .; mosogat. . .; gépel. . .

ők   vár. . .; keres. . .; mos. . .; főz. . .; siet. . .; tanul. . .; beszél. . .; bérel. . .; (megy) __ __ __; van. . .; (lakik) __ __ __; ül. . .; sétál. . .; parancsol. . .; táncol. . .; néz. . .; hallgat. . .

2. Írja be az igék megfelelő alakjait!

(lakik, 🧍¹) __ __ __; (beszél, 🧍²) __ __ __; (tanul, 🧍🧍²²) __ __ __; (keres, 🧍²) __ __ __;
(sétál, 🧍²) __ __ __; (örül, 🧍🧍³³) __ __ __; (olvas, 🧍²) __ __ __; (főz, 🧍🧍³³) __ __ __;
(siet, 🧍¹) __ __ __; (ül, 🧍🧍²²) __ __ __; (főz, 🧍²) __ __ __; (olvas, 🧍🧍²²) __ __ __;
(keres, 🧍🧍¹¹) __ __ __; (csinál, 🧍🧍³³) __ __ __; (lakik 🧍🧍¹¹) __ __ __; (fizet, 🧍¹) __ __ __;
(örül, 🧍¹) __ __ __; (vár, 🧍¹) __ __ __

3. Alkosson mondatokat a képek alapján!

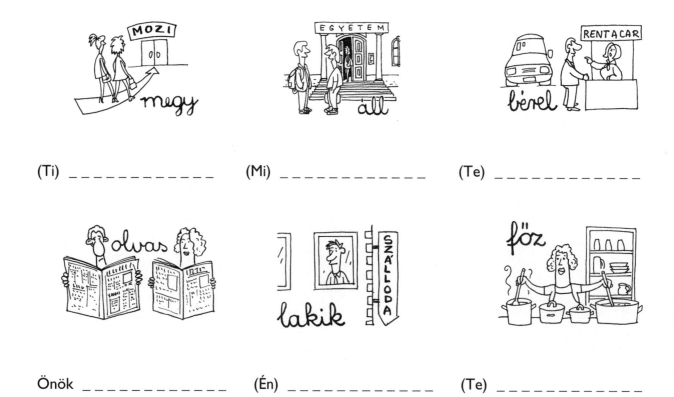

(Ti) _ _ _ _ _ _ _ _ _ _ _   (Mi) _ _ _ _ _ _ _ _ _ _ _   (Te) _ _ _ _ _ _ _ _ _ _ _

Önök _ _ _ _ _ _ _ _ _ _ _   (Én) _ _ _ _ _ _ _ _ _ _ _   (Te) _ _ _ _ _ _ _ _ _ _ _

4. Gyűjtsön szavakat!

Milyen színű? (Budapesten, a szobában, az asztalon)

Az autóbusz _kék_ __ . A villamos __ __ __ . A Duna __ __ __ . A fal __ __ __ .
A füzet __ __ __ . Az ajtó __ __ __ . A kávé __ __ __ . A szék __ __ __ .
A szekrény __ __ __ . A telefon __ __ __ . A tej __ __ __ . A tea __ __ __ .

Mi kék? _autóbusz_, _füzet_ ....

Mi fekete? ....

Mi piros? ....

Mi zöld? ....

Mi fehér? ....

5. Egészítse ki a szöveget a hiányzó végződésekkel, majd írja le (és/vagy mondja el) a szöveget más személyben (és számban)!

Péter Budapesten lak_ik_ Kelenföld. . . bérel egy szép szoba. . .. Az egyetem. . . tanul. Jól beszél német. . ., francia. . . és magyar. . .. Most nem tanul. A szoba. . . ül és pihen. Újság. . . olvas, és zene. . . hallgat.

Péter → én; te; mi; ti; ők

JEGYZETEK

6. LECKE

Tetszik a lakás?

Nő: Tessék, kérem!

Péter: Kezét csókolom! Az utazási irodából jövünk.

Nő: Tessék parancsolni! … Ez az előszoba. Nem nagy. Itt nincsenek bútorok, csak egy tükör van.

Albert: Ez a fürdőszoba?

Nő: Nem, kérem, az a vécé. A fürdőszoba itt van balra. Tessék! Van egy nagy fürdőkád, zuhany, mosdó.

Nő: Ez a nappali és az ebédlő. Itt új bútorok vannak. Újak a szekrények és a polcok, az asztalok és a székek, és újak a fotelok is.

Albert: A televízió nem színes?

Nő: De igen, színes… Itt van az erkély. Tessék!

Péter: Szép a kilátás innen. Azok ott milyen hegyek?

Nő: Az a Sas-hegy, és az ott a Szabadság-hegy.

Nő: És ez a konyha.

Péter: Hol vannak a tányérok?

Nő: Itt vannak fent a szekrényben. A poharak is itt vannak.

Péter: Evőeszközök nincsenek?

Nő: De vannak. Itt vannak lent a fiókban.

Albert: Van meleg víz?

Nő: Természetesen… A gáztűzhely elég régi, de jó. És a hűtőszekrény ott van a sarokban.

Nő: Ugye, önök diákok?

Viktor: Igen, azok vagyunk. A műszaki egyetemre járunk.

Nő: Tetszik a lakás? Jó lesz?

Péter: Igen, nagyon szép. A hegyekre néz, jó helyen van, és nincs messze. Ugye, fiúk, jó lesz?

1.

❏ Ez az előszoba. Szemben van a fürdőszoba és a WC. Jobbra az egyik szoba a hálószoba, a másik a dolgozószoba. Balra van az étkező és a konyha. Az ott a nappali.
● Kamra nincs?
❏ De igen. A konyha mellett van. Erkély is van, a nappaliból nyílik. Egy szép kis parkra néz.

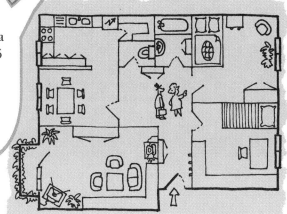

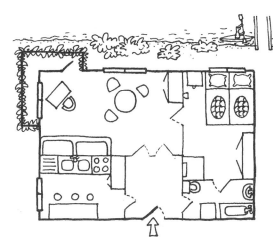

dolgozószoba	jobbra
hálószoba	balra
nappali	szemben
ebédlő/étkező	
konyha	
fürdőszoba	
WC	
kamra	

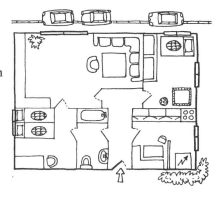

2.

❏ Ez a hálószoba. Van egy nagy ágy, egy szekrény, egy fotel és egy éjjeliszekrény.
● Televízió nincs?
❏ Itt a hálószobában nincs, de van egy jó rádió ott a polcon, az ágy fölött.
● Hova néz az ablak?
❏ A kertre.

asztal	lámpa
fotel	szőnyeg
kanapé	függöny
szekrény	televízió
polc	telefon
	virág

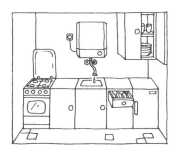

mosogató	tányér
gáztűzhely	pohár
hűtőszekrény	evőeszköz
konyhaszekrény	kanál
	kés
	villa

mosdó	polc
fürdőkád	mosógép
tükör	

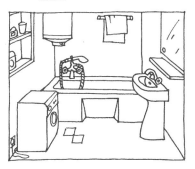

3.

❑ Te hova utazol?
● Párizsba.
❑ És honnan jössz?
● Budapestről.
❑ Ott dolgozol?
● Nem. Ott tanulok az egyetemen.

Ön hova _____

Ön hova _____

Ti hova _____

Önök hova _____

4.

❑ Ugye, te is a büfében reggelizel?
● Igen, ott.
❑ És hol ebédelsz?
● A menzán.
❑ Ott is vacsorázol?
● Nem. Otthon vacsorázom.

Mik?	Milyenek?	
autó**k**	jó**k**	-k
asztal**ok**	nagy**ok**	-ok
ágy**ak**	új**ak**	-ak
szék**ek**	szép**ek**	-ek
gyümölcs**ök**	görög**ök**	-ök

a	á
o	ó
u	ú

Mik ezek ?

Ezek asztal**ok** .

Milyen**ek** ezek az asztal**ok** ?

Ezek az asztal**ok** új**ak** .

Milyen asztal**ok** ezek ?

Ezek új asztal**ok** .

! h*í*d → h*i*d**ak** **!** rég*i***ek**

hossz*ú***ak**

Honnan?

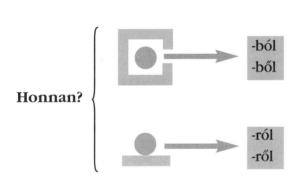

-ból
-ből

-ról
-ről

Honnan jön Éva?

Éva a bolt**ból** jön.

Honnan jön a busz?

A busz a hegy**ről** jön.

!

dolgozik

1	dolgoz**om**
2	dolgoz**ol**
3	dolgoz**ik**

1	1	dolgozunk
2	2	dolgoztok
3	3	dolgoznak

≈ utazik
reggelizik
vacsorázik

jön

1	jö**vök**
2	jö**ssz**
3	jön

1	1	jö**vünk**
2	2	jö**ttök**
3	3	jönnek

SZAVAK

IGÉK
dolgozik
ebédel
jár
jön
nyílik
reggelizik
tetszik
utazik
vacsorázik

FŐNEVEK
bútor
dolgozószoba
ebédlő
éjjeliszekrény
előszoba
evőeszköz
fiók
fiú
fogas
fotel
függöny
fürdőkád
gáztűzhely
hűtőszekrény
kamra
kanál (kanalak)
kanapé
kés
konyhaszekrény
menza
mosdó
mosogató
nappali
park
pohár (poharak)
polc
rádió
sarok (sarkok)
szőnyeg
tányér
tévé
tükör (tükrök)
újság
vécé (WC)
villa
virág
zuhany

MELLÉKNEVEK
görög
külföldi
színes

EGYÉB SZAVAK
balra
innen
jobbra
otthon
sok
szemben
ugye

KIFEJEZÉSEK
Tessék, kérem!
Nem, kérem.
De igen.
balra ⎫
jobbra ⎬ van
szemben ⎭
egyetemre jár

a lakás   a hegyre ⎫
az ablak   a folyóra ⎬ néz
stb.   stb.   ⎭

1. Írja be a megfelelő ragokat!

-k **-´k** **-ok** **-ak** **-ek** **-ök**	asztal. . .; szék. . . ; autó. . .; emelet. . .; bolt. . .; diák. . .; ház. . .; könyv. . .; kulcs. . .; szoba. . .; ing. . .; nadrág. . .; hegy. . .; toll. . .; szekrény. . .; gyümölcs. . .; szálloda. . .; szendvics. . .; fogas. . .; taxi. . .; kert. . .; bútor. . .; függöny. . .; polc. . .; fal. . .; kanál. . .; villa. . .; ágy. . .; evőeszköz. . .; kés. . .; egyetem. . .; erkély. . .; híd. . . alacsony. . .; kényelmes. . .; német. . .; új. . .; világos. . .; zöld. . .; piros. . .; magas. . .; fekete. . .; csúnya. . .; kék. . .; olcsó. . .; drága. . .; magyar. . .; régi. . .; rossz. . .; jó. . .; lengyel. . .; bolgár. . .; hosszú. . .

2. Egészítse ki a mondatokat a hiányzó többes számú végződésekkel!

Ez. . . a lakás. . . kényelmes. . ... A régi. . . autó. . . rossz. . ... A budai. . . hegy. . . nem magas. . ... Az. . . az új. . . ház. . . szép. . ... A magyar. . . gyümölcs. . . nem drága. . ...

3. Írja be a megfelelő ragokat!

-ból **-ből**	épület. . .; szoba. . .; város. . .; London. . .; Franciaország. . .; nappali. . .; büfé. . .; könyvtár. . .; Berlin. . .; terem. . .; mozi. . .; bank. . .; rendelő. . .; szálloda. . .; Debrecen. . .

-ról **-ről**	hegy. . .; tér. . .; Magyarország. . .; Budapest. . .; Buda. . .; híd. . .; Szeged. . .; egyetem. . .; posta. . .; földszint. . .

4. Tegye többes számba a mondatokat!

Ő angol fiú. _

Te diák vagy? _

Ön újságíró? _

Ez régi épület. _

Az a fotel kényelmes. _

Ő jó sofőr. _

Én amerikai mérnök vagyok. _

5. Egészítse ki a szöveget a hiányzó ragokkal, illetve az igék megfelelő alakjával!

én { Külföldi mérnök __ __ __ . Budapesten __ __ __ (lakik) a XI. kerületben. Egy kényelmes kis lakást bérel. . .. Az egyetemen __ __ __ (dolgozik), és magyarul tanul. . .. Otthon __ __ __ (reggelizik), a menzán ebédel. . ., és étterem. . . __ __ __ (vacsorázik). Én nem főz. . ..

te { Hol __ __ __ (lakik)? Hol __ __ __ (dolgozik)? Mit olvas. . .? Főz. . . otthon? Hol __ __ __ (reggelizik)? Beszél. . . németül? Televíziót néz . . . ? Kit keres. . .? Honnan __ __ __ (jön)? Hova __ __ __ (megy)?

6. Olvassa el a szöveget, majd mondja el más személyekben (és számban)!

Karin német lány. Ő nem diák, hanem újságíró Budapesten. A Belvárosban lakik, egy régi kis lakást bérel. Otthon is sokat dolgozik: mos, mosogat, főz. Nem jár étterembe, otthon vacsorázik.

Karin → én; te; mi; ti; ők

JEGYZETEK

7. LECKE

Nagyon örülök

- ❑ Kit tetszik keresni?
- ● Kovács Péterhez megyek.
- ❑ Második emelet, jobbra, ötös ajtó.
- ● Hol van a lift?
- ❑ Ott van a lépcsőnél, de sajnos nem működik.
- ● Nem baj. Felmegyek a lépcsőn.

- ◆ Szabad!
- ● Jó napot kívánok! Kovács Pétert keresem.
- ◆ Én vagyok Kovács Péter.
- ● Paul Braun vagyok Berlinből.
- ◆ Á, ön az? Nagyon örülök. Tessék helyet foglalni! Egy kávét?
- ● Igen, kérek.
- ◆ Marika, két kávét kérünk.

- ◆ Cigarettát parancsol?
- ● Köszönöm, nem dohányzom.
- ◆ A program már készen van. Elég zsúfolt, de én majd mindenben segítek önnek…

  ....

- ◆ Ó, már négy óra van? Egy pillanat, telefonálok az igazgató úrnak.

- ◆ Igazgató úr, bemutatom Braun urat.
- ▼ Fekete László. Nagyon örülök. Tetszik a program?
- ● Igen, nagyon érdekes.
- ▼ Melyik szállodában lakik?
- ● A Gellértben.
- ▼ És minden rendben van?
- ● Igen. Nagyon szép a szálloda, és közel van a Belvároshoz.
- ▼ Akkor a viszontlátásra! Este találkozunk az Operában.
- ● Nagyon jó lesz. Viszontlátásra!

B

1.

Kati
Péter
Kovács János
Nagy Éva
Kis Gáborné
Kovács úr
Szabóné
Budai kisasszony

doktor
igazgató
tanár
mérnök
szerkesztő
miniszter
} úr

doktornő
igazgatónő
stb.

Nagy doktor úr
Kovács szerkesztő úr
Kis tanárnő
stb.

❑ Kati, bemutatom Pétert.
● Kiss Péter vagyok.
❑ Nagy Katalin. Nagyon örülök.

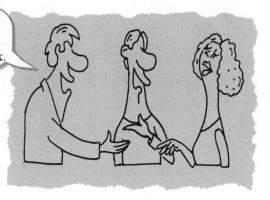

2.

❑ Szabad!
● Jó napot kívánok! Szabó tanár urat keresem. Dunai József vagyok.
❑ Jó napot kívánok! Szabó Pál vagyok. Tessék helyet foglalni!

3.

❑ Egy kólát?
● Igen, kérek. (Köszönöm, nem kérek./Köszönöm, nem vagyok szomjas.)

(szomjas)   (éhes)   (dohányzik)   (szomjas)

4.

- ❏ Mit csinálsz?
- ● Levelet írok.
- ❏ Kinek írsz?
- ● Annának.

5.

- ❏ Hova mész?
- ● Az irodába.
- ❏ Kihez?
- ● Az igazgató úrhoz.

6.

Hány óra van?

 Nyolc óra van. Hat óra tíz perc van.

 Negyed hét van. Fél hét van. Háromnegyed hét van.

- ❏ Még csak negyed kilenc van?
- ● Nem, már fél kilenc.
- ❏ Akkor sietek.

C

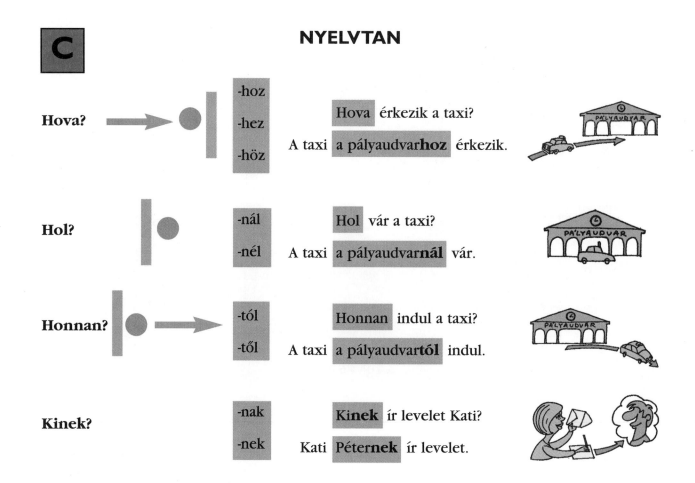

Hova?

-hoz
-hez
-höz

Hova érkezik a taxi?

A taxi a pályaudvarhoz érkezik.

Hol?

-nál
-nél

Hol vár a taxi?

A taxi a pályaudvarnál vár.

Honnan?

-tól
-től

Honnan indul a taxi?

A taxi a pályaudvartól indul.

Kinek?

-nak
-nek

Kinek ír levelet Kati?

Kati Péternek ír levelet.

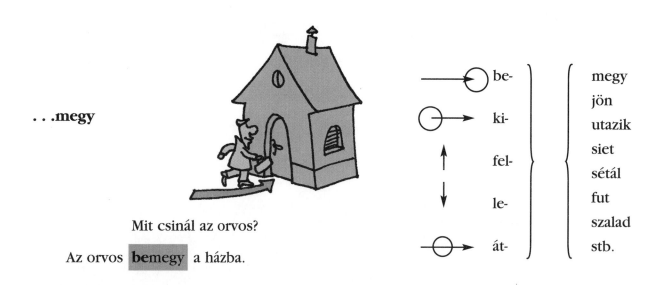

. . .megy

Mit csinál az orvos?

Az orvos bemegy a házba.

be-
ki-
fel-
le-
át-

megy
jön
utazik
siet
sétál
fut
szalad
stb.

! tan*í*t: tanítok, tanítasz, tanít, tanítunk, tanítotok, tanítanak

kész*í*t: készítek, készítesz, készít, készítünk, készítetek, készítenek

SZAVAK

IGÉK
átmegy
bemegy
dohányzik
érkezik
feláll
felmegy
felszáll
indul
készít
kilép
leszáll
leül
működik
segít
találkozik
tanít
telefonál

FŐNEVEK
belváros
doktor
ember
fogorvos
igazgató
íróasztal
kéz
levél
mentők
miniszter
óra
perc
postás
program
rendőrség
szerkesztő
titkárnő
tűzoltók
vacsora

MELLÉKNEVEK
éhes
érdekes
szomjas
zsúfolt

EGYÉB SZAVAK
akkor
azután
délután
este
háromnegyed
majd
már
melyik?
minden
negyed

KIFEJEZÉSEK
Kit tetszik keresni?
_ _ _t keresem.
Bemutatom _ _ _t.
Nem baj.
Minden rendben van?
Á, ön az?
Szabad!
Tessék helyet foglalni!
helyet foglal
készen van
kezet mos
közel van _ _ _hez
vacsorát készít
A viszontlátásra!

D 1. Írja be a megfelelő ragokat!

-nál -nél	orvos. . .; lépcső. . .; tér. . .; épület. . .; tanár. . .; hegy. . .; igazgató. . .; pénztár. . .; mozi. . .; szekrény. . .; hidak. . .; éttermek. . .; megállók. . .; asztalok. . .; repülőterek. . .

-hoz -hez -höz	tanárnő. . .; tér. . .; megálló. . .; lift. . .; tükör. . .; posta. . .; lépcső. . .; ház. . .; szekrény. . .; fa. . .; mérnök. . .; étterem. . .; asztalok. . .; pályaudvarok. . .; szerkesztők. . .; képek. . .

-tól -től	szálloda. . .; Gellérthegy. . .; híd. . .; ablak. . .; portás. . .; tanár. . .; metró. . .; repülőtér. . .; Margitsziget. . .; újságíró. . .; tükör. . .; megállók. . .; épületek. . .; diákok. . .

2. Írja be a megfelelő ragokat!

-nak -nek	orvos. . .; Péter. . .; Éva. . .; mérnök. . .; diákok. . .; férfiak. . .; tanárnő. . .; rendőrség. . .; mentők. . .; szerkesztő. . .; portás. . .

3. Mit csinál Laci reggel?

kilép   felszáll   leszáll   átmegy   felszáll

leül   feláll   leszáll   bemegy   felmegy

4. Egészítse ki a szöveget a hiányzó végződésekkel!

Pest. . . jövök, és Buda. . . megyek. A híd. . . régi házak állnak. Az egyetem. . . külföldi diákok is tanulnak. Az autóbusz az Opera. . . érkezik. Bemegyek az iroda. . .. London. . . Budapest. . . utazunk. A trolibusz a Keleti pályaudvar. . . indul, és a Kossuth tér. . . megy. A XI. kerület. . . laktok? Éva a tükör. . . áll. Az utca. . . sok ember jár. A könyvek a polc. . . vannak. Bemegyek a kiadóba a szerkesztő. . .. Az emberek leszállnak a villamos. . .. A taxi az étterem. . . indul a Belvárosba. A lányok leülnek az asztal. . ..

5. Egészítse ki a mondatokat a hiányzó végződésekkel, illetve az igék megfelelő alakjával!

A lányok az erkélyen beszélget. . .. Mit csinál. . . (👤) délután? Én nem kér. . . kávét. Hol bérel. . . (👥) lakást? Önök is itt __ __ __ (dolgozik)? Ti nem __ __ __ (jön) a könyvtárba? Segít. . . (👤) a lányoknak? Te hol __ __ __ (vacsorázik)? Levelet ír. . . (👤) Évának. Teát készít. . . (👥)? Itt magyar tanárok tanít. . .. Kinek telefonál. . . (👥)?

6. Egészítse ki a szöveget, majd mondja el egyes szám első személyben!

Délután fél 5 __ __ __. Anna belép a lakás. . .. A fürdőszoba. . . kezet mos. . . .megy a konyhába, vacsora. . . készít. Teát isz. . ., és szendvics. . . esz. . .. Azután kimegy az erkély. . ., és rádió. . . hallgat. Bemegy a szoba. . ., leül az íróasztal. . ., és tanul. Este telefonál Karin. Együtt __ __ __ (megy) moziba.

Anna ⟶ én

JEGYZETEK

8. LECKE

Hova is megyünk?

Paul:	Kezét csókolom, Marika!
Titkárnő:	Jó reggelt kívánok, Braun úr! Hogy van?
Paul:	Köszönöm, jól. Péter már bent van?
Titkárnő:	Persze. Tessék bemenni!

Paul:	Szervusz, Péter!
Péter:	Szervusz! Ez igen! Pontosan nyolc óra van. Mindig ilyen pontos vagy?
Paul:	Sajnos nem mindig. De most külföldön vagyok. És a pontosság fontos egy újságírónál. Nem igaz?
Péter:	Persze. De szerintem mindenkinél fontos.
Paul:	Mit csinálunk ma? Hova is megyünk?
Péter:	Lássuk csak!… Igen… 9-kor felmegyünk a Várba.
Paul:	Taxin megyünk fel?
Péter:	Taxin? Dehogy! Nincs messze innen. Inkább gyalog átmegyünk Budára, és a Siklón megyünk fel a Várba.
Paul:	És melyik hídon megyünk át?
Péter:	Természetesen a Lánchídon.

Paul:	A Várban mit csinálunk?
Péter:	Először bemegyünk a Széchényi Könyvtárba. Mutatok neked néhány érdekes dolgot. Azután átmegyünk a Vármúzeumba.
Paul:	És bemegyünk a Mátyás-templomba is, ugye?
Péter:	Nem. Oda ma nem megyünk be. Fél egykor visszajövünk ide a kiadóba, és lemegyünk az étterembe.

Paul:	És délután mit csinálunk?
Péter:	Ebéd után szabad vagy; visszamész a szállodába, és pihensz egy kicsit, vagy sétálsz a városban.
Paul:	És mi az esti program?
Péter:	A ma esti program meglepetés. De hat órakor találkozunk a szállodában. Rendben van?
Paul:	Remek!

1.

❑ Felmegy ez a busz a Gellérthegyre?
● Nem, kérem, ez Budaörsre megy.
❑ És hányas megy fel a hegyre?
● A 27-es.

2.

❑ Felmegyünk az V. emeletre?
● Igen, fel.
❑ A lépcsőn megyünk fel?
● Nem. Inkább liften.

3.

- ❑ Hány órakor kezdődik az előadás?
- ● Hét órakor.
- ❑ És mikor találkozunk?
- ● Háromnegyed hétkor.
- ❑ Hol?
- ● A mozi előtt.

4.

- ❑ De szép képeslapok!
- ● Igen, nagyon szépek. Nekem is tetszenek.
- ❑ Nem veszel egy párat a gyerekeknek?
- ● Miért ne? Veszek nekik néhányat.
- ❑ Hányat?
- ● Mondjuk, ötöt.

vesz

visz

küld

visz

NYELVTAN

Mikor?

-kor   Mikor mész az egyetemre?

Reggel megyek az egyetemre.

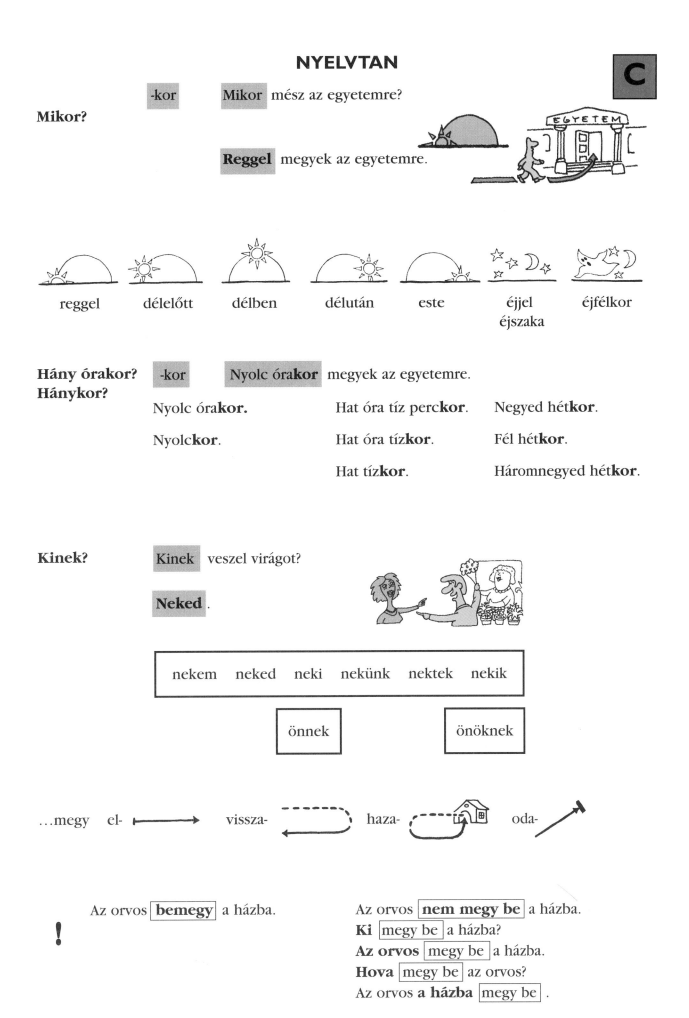

reggel   délelőtt   délben   délután   este   éjjel   éjfélkor
                                                    éjszaka

Hány órakor?
Hánykor?

-kor   Nyolc órakor megyek az egyetemre.

Nyolc órakor.   Hat óra tíz perckor.   Negyed hétkor.

Nyolckor.   Hat óra tízkor.   Fél hétkor.

                      Hat tízkor.   Háromnegyed hétkor.

Kinek?

Kinek veszel virágot?

Neked.

| nekem | neked | neki | nekünk | nektek | nekik |

| önnek | | önöknek |

…megy   el- ⟶   vissza-   haza-   oda-

!

Az orvos bemegy a házba.   Az orvos nem megy be a házba.
                                  Ki megy be a házba?
                                  Az orvos megy be a házba.
                                  Hova megy be az orvos?
                                  Az orvos a házba megy be.

SZAVAK

IGÉK
átszáll
befejeződik
eszik
iszik
hazaérkezik
hazamegy
kezdődik
kijön
küld
lejön
mutat
odamegy
vesz
visz
visszajön
visszamegy

FŐNEVEK
dolog
ebéd
előadás
gyár
hajó
kiadó
külföld
lemez
meglepetés
nap
pad
pontosság
vár
város
villamosmegálló

MELLÉKNEVEK
esti
fontos
pontos
remek
szabad

EGYÉB SZAVAK
dehogy
először
ezért
gyalog
ilyen
ma
mert
mindenki
mindennap
mindig
néhány
neki
pár
persze
pontosan
szerintem
után

KIFEJEZÉSEK
Hogy van/vagy?
Köszönöm, jól.
Tessék bemenni!
Ez igen!
Nem igaz?
Hova is megyünk?
a ma esti program
Remek!
De szép…!
Miért ne?
Mondjuk…
egy pár

1. Írja be az igék megfelelő igekötős alakjait!

...megy (🚶) **bemegyek** a szobába; __ __ __ a hegyre; __ __ __ az épületből; __ __ __ a földszintre; __ __ __ az Operába; este __ __ __ ; ebéd után __ __ __ az irodába; __ __ __ a másik oldalra

...lép (🚶) __ __ __ a liftbe; __ __ __ a székre; __ __ __ a földre; __ __ __ az ablaktól; __ __ __ az ajtóhoz; __ __ __ a szobából

...száll (🚶🚶) __ __ __ a villamosra; __ __ __ az autóba; __ __ __ a taxiból; __ __ __ az autóbuszról; __ __ __ a villamosról az autóbuszra

2. a) Válaszoljon a kérdésekre állító, illetve tagadó mondattal!

Elmész az operába?   Igen, __

Nem, nem __

Leszállnak a buszról a lányok?   Igen, __

Nem, nem __ __ __ __ __ __ __ __ __ __ __ __ __ __ __ __ __ __ __

b) Írja be az ige megfelelő alakjait! Figyeljen a szórendre!

bemegy

A sofőr kiszáll a taxiból, és . . . . a trafikba.

Ki . . . . a szobába? Én nem . . . . a házba.

Mi csak 10 órakor . . . . az étterembe.

Délután a lányok együtt . . . . a városba.

3. Mondja el, majd írja le, mit csinál Péter és Kati! Mondja el (és/vagy írja le) a történetet első személyben!

kilép   beül   felmegy   kiszáll   sétál   leül, pihen

bemegy   eszik, iszik   kijön   lejön   visszamegy   hazaérkezik

4. Egészítse ki a szöveget a hiányzó végződésekkel és igekötőkkel, majd mondja el (és/vagy írja le) a történetet első személyben!

Nagy János mérnök egy budapesti gyár. . .. Sokat dolgoz. . ., és sokat utaz. . ., mert messze lakik a gyár. . .. A munka reggel hét óra. . . kezdődik a gyárban. Ő mindennap fél hatkor kel __ __ __, és 6 órakor lép ki a ház. . .. Odamegy a villamosmegálló. . ., és . . .száll a 6-os villamosra. Mindig sok ember van a villamos. . ., ezért nem ül le. A 6-os villamos. . . a Nyugati pályaudvar. . . átszáll a 3-as metró. . .. A metróról pedig Kispesten . . .száll a 93-as autóbuszra. 6 óra 55 perckor száll __ __ __ a 93-asról. A buszmegálló közel van a gyár. . .. Innen már gyalog megy. Pontosan 7 órakor lép be a gyár. . ..

Nagy János → (Én)

9. LECKE

Jobbulást kívánok!

Délelőtt tíz óra van. Kati és Laci leszáll a villamosról, és gyalog megy tovább. Laci egyik barátjához, Gézához mennek. Géza mérnök. Ők még diákok, az egyetemen tanulnak. Géza a Virág utcában lakik. Ez a következő utca jobbra. A sarkon befordulnak, és továbbmennek. A Virág utca csendes; itt nincs nagy forgalom, nem járnak autóbuszok és villamosok. Egy kertes házhoz érkeznek. Itt lakik Géza. Csengetnek. Géza anyja nyit ajtót.

Laci:	Kezét csókolom! Géza itthon van?
Anya:	Igen, itthon van. Bent van a szobájában. Fekszik.
Kati:	Délelőtt tíz órakor ágyban van? Csak nem beteg?
Anya:	Sajnos az. De tessék bejönni!

Laci:	Szia, Géza! Hogy vagy?
Géza:	Sajnos elég rosszul.
Kati:	Miért? Mi bajod?
Géza:	Nagyon fáj a fejem és a torkom.
Kati:	Miért nem mész el az orvoshoz?
Géza:	Most nincs rendelés. De délután elmegyek. És ti hogy vagytok? Mi újság?

Kati:	Mi nagyon jól vagyunk. Ma szünet van az egyetemen.
Laci:	Délután futballozni akarunk, este pedig elmegyünk a klubba.
Géza:	Kár, hogy beteg vagyok. Én is szeretek futballozni.
Kati:	És táncolni?
Géza:	Táncolni is szeretek. De futballozni tudok is.

Kati:	Mennyi könyv!
Géza:	Igen, szeretek olvasni. De most olvasni sem tudok, mert a szemem is fáj. Csak pihenek, és zenét hallgatok.
Laci:	Akkor mi megyünk. Jobbulást kívánunk!
Géza:	Köszönöm szépen. És nektek jó szórakozást!

❑ Jó napot kívánok. Hogy van?
● Nem túl jól.
❑ Miért? Mi baja?
● Nagyon fáj a fejem, és náthás vagyok.
❑ Miért nem megy el az orvoshoz?
● Most nincs rendelés. De holnap elmegyek.

2.

- ❑ Szeretsz táncolni?
- ● Igen, szeretek. Miért?
- ❑ Ma este a klubba megyek. Eljössz?
- ● Sajnos, ma nem tudok elmenni.
- ❑ Miért?
- ● Mert színházba megyek.

úszik (uszoda)

síel   kirándul   (pálya)

3.

- ❑ Mennyi lemez!
- ● Igen, nagyon szeretek zenét hallgatni. És te?
- ❑ Én is szeretek. (Én nem szeretek.)

| könyv | virág | síléc | ceruza | lemez |
| olvas | kertészkedik | síel | rajzol | zenét hallgat |

4.

- ❑ Tudsz gitározni?
- ● Igen, tudok.
- ❑ És énekelni?
- ● Azt nem.

futballozik kosár-   főz   varr   szörfözik vitorlázik
labdázik

síel   korcsolyázik   pingpongozik teniszezik

Kinek | **az** autója | ez?

Ez | Péter**(nek** | **az)** autója | .

Hol van | Péter | autója |?

Péter | autója | a garázsban van.

1	az én	autó**m**	lakás**om**	háza**m**	biciklі**m**	szekrény**em**	függöny**öm**
2	a te	autó**d**	lakás**od**	ház**ad**	bicikli**d**	szekrény**ed**	függöny**öd**
3	az ő	autó**ja**	lakás**a**	ház**a**	bicikli**je**	szekrény**e**	függöny**e**

! kar**ja**　　　　　　! kert**je**　　! bőrönd**je**

lámp*a*	→	(lámp**á**k)	→	lámp**á**m	
leck*e*	→	(leck**é**k)	→	leck**é**m	
stb.					

tü*kör*	→	(tü**kr**ök)	→	tü**kr**öm
po*hár*	→	(poharak)	→	poharam
le*vél*	→	(levelek)	→	levelem
stb.				

Miért?

Miért mész az orvoshoz?

(**Azért,**) **mert fáj a torkom** .

akar

tud　　＿＿＿(a/e)ni

szeret

Pihenni akarok.

Tudok futballoz**ni** .　　!

Szeretek táncol**ni** .

Be akarok *menni.*

Nem akarok *bemenni.*

Most akarok *bemenni.*

! van → **len**ni; eszik → **en**ni; iszik → **in**ni; vesz → **ven**ni;
tan*ít* → tan*ít*ani; kész*ít* → kész*ít*eni; dohányzik → dohány**o**zni stb.

SZAVAK

IGÉK
akar
befordul
csenget
fáj
fekszik (feküdni)
felkel
futballozik
gitározik
kirándul
köhög
marad
nyit (-ok)
szédül
szeret
továbbmegy
tud
úszik

FŐNEVEK
anya
baj
barát
barátnő
bicikli
bőrönd
cím
diszkó
étvágy
foglalkozás
forgalom
jobbulás
kár
pálya
rendelés
síléc
színház
szórakozás
szünet
torok
uszoda
üveg

MELLÉKNEVEK
beteg
következő
náthás

EGYÉB SZAVAK
egyik
hogy
holnap
korán
rosszul

KIFEJEZÉSEK
befordul a sarkon
ajtót nyit
ágyban van
Csak nem...?
Mi bajod/baja?
Mi újság?
Kár, hogy...
Mennyi...!
Jobbulást kívánok!
Jó szórakozást!

D

1. Írja be a megfelelő ragokat!

-m -om -am -em -öm

asztal**om** könyv. . .; vendég. . .; szék. . .; ablak. . .; ágy. . .; lakás. . .; erkély. . .; idő. . .; szoba. . .; baj. . .; bútor. . .; nadrág. . .; óra. . .; függöny. . .; név. . .; kulcs. . .; barátnő. . .; telefon. . .; láb. . .; fej. . .; torok. . .; arc. . .; gyomor. . .; has. . .; kéz. . .

-d -od -ad -ed -öd

tanárnő**d**.; cím. . .; ablak. . .; ajtó. . .; étvágy. . .; evőeszköz. . .; kés. . .; villa. . .; kanál. . .; garázs. . .; levél. . .; hát. . .; szem. . .; fül. . .; kar. . .; tükör. . .; tea. . .; óra. . .; cipő. . .; fotel. . .; toll. . .; ing. . .; foglalkozás. . .; kert. . .; fiók. . .

-a   -ja -e   -je

erkély**e**.; előszoba. . .; bank. . .; autó. . .; ablak. . .; orvos. . .; bútor. . .; fej. . .; has. . .; gyomor. . .; pad. . .; levél. . .; kanál. . .; utca. . .; templom. . .; híd. . .; program. . .; pohár. . .; üveg. . .; kulcs. . .; kert. . .

2. Adja meg az igék főnévi igenevét!

-ni -ani -eni

tanul→ _tanulni_ ; dolgozik→ _ _ _; készít→ _ _ _; főz→ _ _ _; befejeződik→ _ _ _; megy→ _ _ _; jön→ _ _ _; dohányzik→ _ _ _; van→ _ _ _; tanít→ _ _ _; ír→ _ _ _; eszik→ _ _ _; vesz→ _ _ _; iszik→ _ _ _; segít→ _ _ _; működik→ _ _ _; lakik→ _ _ _; találkozik→ _ _ _

3. Válaszoljon a kérdésekre röviden!

Miért

nem mész a kiadóba? _Mert beteg vagyok._ _ _ _ _ _ _ _ _ _ _

megyünk be az étterembe? _ _ _ _ _ _ _ _ _ _ _ _

a lépcsőn megy fel? _ _ _ _ _ _ _ _ _ _ _ _ _

nem kértek cigarettát? _ _ _ _ _ _ _ _ _ _ _ _

mennek önök a könyvtárba? _ _ _ _ _ _ _ _ _ _ _

nem lakik a Gellért Szállodában? _ _ _ _ _ _ _ _ _ _ _

4. Alakítsa át a szöveget! Használja a mondatokban az „akar" igét!

Ma reggel Edit **korán** ⬚kel⬚ *fel*. **Pontosan** ⬚érkezik⬚ *az irodába*. Délelőtt **három levelet** ⬚ír⬚. Délben ⬚lemegy⬚ a büfébe. **Nem** ⬚ebédel⬚, csak **egy szendvicset** ⬚eszik⬚, és **egy kólát** ⬚iszik⬚. Délután **5 óráig** ⬚marad⬚ *bent az irodában*. Azután **haza** ⬚megy⬚. Este **nem** ⬚marad⬚ *otthon*. **Telefonál** a barátnőjének, Zsuzsának. **Együtt** ⬚mennek⬚ *moziba*.

Ma reggel Edit korán (akar) felkelni. Pontosan (akar) az irodába érkezni.

5. Egészítse ki a mondatokat a megfelelő igével!

akar	Kati minden szombaton diszkóba megy: nagyon __ __ __ táncolni.
	Nagyon fáj a szemem: nem __ __ __ olvasni.
tud	Ma nem megyek el a könyvtárba: nem __ __ __ olvasni.
	Most nincs rendelés: ezért nem __ __ __ elmenni az orvoshoz.
szeret	A gyerekek bemennek a fürdőszobába: kezet __ __ __ mosni.

6. Keressen testrészt jelentő szavakat a rajzokhoz!

orr

JEGYZETEK

10. LECKE

Az orvosnál

Az orvosi rendelő egy régi ház első emeletén van. Az orvos minden délután 4-től 8-ig rendel. A váróteremben öt beteg ül: két lány, egy férfi, egy öregasszony és Géza. Kint esik az eső. Bent túl meleg van. A betegek csendben ülnek, csak a két lány beszélget. A férfi újságot olvas, és időnként köhög. Az öregasszony pulóvert köt. Gézának is van újságja, de nem olvas. Rossz kedve van; fáj a feje, és melege van.

Nyílik a rendelő ajtaja, kilép egy nő, a kezében recept. Géza következik.

❑ Jó napot kívánok, doktor úr!

● Jó napot kívánok! Mi a panasza?

❑ Fáj a fejem és a torkom.

● Láza van?

❑ Igen, körülbelül 38 fok.

● Tessék levetkőzni!

● Felöltözhet.

❑ Tessék mondani, mi a bajom?

● Ez, sajnos, influenza. Most kap egy injekciót. Tessék ágyban maradni, és reggel, délben, este bevenni a gyógyszereket! Itt a recept.

❑ És mikor kelhetek fel?

● Pénteken felkelhet, és hétfőn már dolgozhat is.

◆ Tessék!

❑ Itt van ez a recept, és kérek lázcsillapítót is.

◆ Mást nem kér?

❑ De igen, C-vitamint és fájdalomcsillapítót.

◆ Az összesen 820 forint. Itt tetszik fizetni.

1.

náthás

szédül

nem tud aludni

köhög

❏ Mi a panasza?
● Fáj a gyomrom, és nincs étvágyam.
❏ Láza van?
● Azt hiszem, nincs.
❏ Tessék levetkőzni!
....
❏ Köszönöm, felöltözhet.

2.

❏ Bemehetek?
● Igen, tessék bejönni!/
Igen./Persze./Tessék!/
Természetesen./
Igen, tessék parancsolni!

3.

13.00–14.00
szünet van

○ Mettől meddig van szünet?
❏ Délután egytől kettőig.

11.30–15.00
ebéd van

8.15–9.45
óra van

19.00–22.10
az előadás tart

7.00–16.30
dolgozom

8.00–16.00
a bank nyitva van

22.30–6.30
alszom

4.30–23.30
a villamos jár

8–12; 14–17
félfogadás van

75

4.

- ❑ Nem főzünk teát?
- ● Sajnos nincs cukrom.
- ❑ Nekem van.
- ● Akkor főzhetünk.

sakkozik/sakk

ebédel/pénz

labdázik/labda

felszáll/villamosjegy

5.

Ez Mari. 18 éves, magas, csinos lány. Hosszú szőke haja és kék szeme van. Az arca kerek. Az orra és a szája kicsi. De a füle nagy.

szemüveg

bajusz

szakáll

bajusza	
szakálla	van
szemüvege	
kövér ↔ sovány	

6.

Ez a családom.
Az anyám . . . .
Az apám . . . .
A húgom . . . .
Az öcsém . . . .

7.

HÉTFŐ	hivatal	hivatal	–
KEDD	uszoda	könyvtár	mozi
SZERDA	hivatal	előadás	tévé
CSÜTÖRTÖK	–	fogorvos	–
PÉNTEK	hivatal	–	–
SZOMBAT	–	anya	színház
VASÁRNAP	Szeged	Szeged	Szeged

a)
- ○ Mit csinál szerda délután?
- ❑ Egy előadásra megyek.
- ○ És este?
- ❑ Otthon tévét nézek.
- ○ És mikor megy az uszodába?
- ❑ Kedd délelőtt.

b)
- ▲ Ráér kedd délután?
- ❑ Sajnos, nem. A könyvtárba megyek.
- ▲ És pénteken?
- ❑ Péntek délután?
- ▲ Igen.
- ❑ Akkor szabad vagyok.

NYELVTAN

Kinek van új autója ?

Péternek **van** új aut**ója** .

Péternek van autója.

Péternek új autója van.

Péternek **van** autója.   Katinak **nincs** autója.

≈ Nek**em** van autó**m**.   Nek**ed** nincs autó**d**.

Mikor?   hétfő**n**, kedd**en**, szerd**án**, csütörtök**ön**, péntek**en**, szombat**on**, vasárnap
 ! hétfő reggel, kedd délután, vasárnap este stb.

Meddig?   -ig   **Meddig** rendel az orvos?

                Este nyolc**ig** .

| Dr. Budai Péter |
| Rendel: 4–8 |

            Mettől meddig rendel az orvos?

            Négy**től** nyolc**ig** rendel.

-hat
-het

– Köszönöm. Felöltözhet.

≈ indul**hat** pihen**het**
   sétál**hat** leül**het**
   utaz**hat** reggeliz**het**

indulhat	-ok	-unk
	-sz	-tok
	–	-nak
pihenhet	-ek	-ünk
	-sz	-tek
	–	-nek

 van ⟶ *l*ehet   eszik ⟶ *e*het
! megy ⟶ *m*ehet   iszik ⟶ *i*hat
 jön ⟶ *j*öhet   vesz ⟶ *v*ehet
                visz ⟶ *vi*het

SZAVAK

IGÉK
alszik
bevesz
eljön
esik
felöltözik
kap
köt
következik
labdázik
levetkőzik
mond
rendel
sakkozik
tart

FŐNEVEK
apa
bajusz
buszjegy
cukor
család
eső
fájdalomcsillapító
félfogadás
férfi
fok
gyógyszer
gyógyszertár
hivatal
húg
influenza
injekció
jegy
kedv
labda
láz
lázcsillapító
nő
öcs
öregasszony
panasz
pénz
recept
sakk
sütemény

szakáll
szemüveg
szív
szótár
tenger
váróterem
villamosjegy
vitamin

MELLÉKNEVEK
csinos
hosszú
kerek
kövér
rövid
sovány
szőke

EGYÉB SZAVAK
időnként
körülbelül
összesen
sem
sincs

KIFEJEZÉSEK
Mi a panasza?
Itt tetszik fizetni.
Tessék mondani!
ágyban marad
beveszi a gyógyszert
injekciót kap
esik az eső
nyitva van
jó/rossz kedve van
nincs jó kedve
nincs étvágya
jól/rosszul van
meleg van
melege van
orvosi rendelő
csendben

1. Egészítse ki az igéket a „-hat/-het" képzővel!

-hat
-het

sétálok→ sétálhatok ;

találkozunk→ __ __ __; főzöl→ __ __ __;

pihenek→ __ __ __; várunk→ __ __ __; segít→ __ __ __;

telefonálsz→ __ __ __; beszélgettek→ __ __ __;

utazunk→ __ __ __; elmész→ __ __ __; vagyok→ __ __ __;

beszálltok→ __ __ __; mutatunk→ __ __ __; jön→ __ __ __;

bérelünk→ __ __ __; bejöttök→ __ __ __; sietnek→ __ __ __;

síelek→ __ __ __; sakkoztok→ __ __ __; eljössz→ __ __ __.

2. Válaszoljon a kérdésekre a példa szerint!

Elmehetek moziba? _Elmehetsz._ __ __ (te)

Telefonálhatok?__ __ __ __ __ __ __ (ön)   Kimehetünk a kertbe? __ __ __ __ __ __ (ti)

Ihatok kávét?__ __ __ __ __ __ __ (te)   Pihenhetünk egy kicsit? __ __ __ __ __ (önök)

Vehetek egy süteményt?__ __ __ __ __ (te)   Kaphatunk egy bélyeget? __ __ __ __ __ (ti)

3. Egészítse ki a mondatokat a példa szerint!

Nekem nincs pénz.em.   _Neked_ hány könyved van?

Neked milyen lakás. . . van?   __ __ __ nincs sok barátom.

Önnek is van autó. . .?   __ __ __ van kamrád?

Neki sötét haj. . . van.   __ __ __ is van délelőtt órája.

Kinek nincs szótár. . .?   __ __ __ nincs evőeszközöd.

Neked van erkély. . .?   __ __ __ kis fürdőszobám van.

Önnek nincs buszjegy. . .?   __ __ __ van ma magyarórád?

4. Válaszoljon a kérdésekre két formában! (Adjon teljes, illetve rövid választ!)

Van láza Gézának? _Igen, van láza. / Van._ _ _ _ _ _ _ _ _

Kinek van egy kése? _ (♀)

Van cigarettád? _

Hány vendéged van? _

Milyen titkárnője van (önnek)? _

Kinek van szőke haja? _ (Karin)

Hány repülőtere van Budapestnek? _ _ _ _ _ _ _ _ _ _ _ _ _ _ _ _ _

Van tengere Magyarországnak? _ _ _ _ _ _ _ _ _ _ _ _ _ _ _ _ _ _

Milyen vize van a Balatonnak? _ _ _ _ _ _ _ _ _ _ _ _ _ _ _ _ _

5. Egészítse ki a szöveget a hiányzó szavakkal és végződésekkel!

Ma nem vagyok jó. . .. Fáj a fej. . . és a gyomor. . .. Étvágy. . . sincs, nem tudok __ __ __ (eszik). Azt hiszem, láz. . . is van. Délután orvos. . . megyek. Az orvos kettő. . . hat. . . rendel. Most itthon pihen. . . a szoba. . .. Nem tudok olvas. . . sem, __ __ __ a szem. . . is fáj. Csak __ __ __ (fekszik) az ágyban, és rádió. . . hallgatok. Nincs jó kedv. . .. Nem szeretek beteg __ __ __ (van).

11. LECKE

Vendégségben

Paul Braun két hónapot tölt itt, Budapesten. Repülnek a napok. Nem unatkozik, reggeltől estig jön-megy, tárgyal, lapkiadókba jár. Rengeteg dolga van, nincs egyetlen szabad perce sem. Ma már elege van az emberekből, csendre és nyugalomra vágyik. Szüksége van egy kis pihenésre. Leül egy kényelmes fotelbe, és olvasni kezd. De máris csöng a telefon.

❑ Halló! Braun úr?

● Igen, Paul Braun beszél.

❑ Jó napot kívánok, Braun úr! Hazai Gábor vagyok.

● Jó napot kívánok! Mi újság?

❑ Ráér ma este?

● Igen, szabad vagyok. Miért?

❑ Néhány barátunk jön hozzánk. Tudja, ma van a feleségem névnapja. Nincs kedve eljönni?

● De, nagyon szívesen. Köszönöm a meghívást.

❑ Üdvözlöm. Örülök, hogy itt van.

● Jó estét kívánok! Tessék!

❑ Köszönöm. Tessék bejönni! A többiek már itt vannak.

● Kezét csókolom! Sok boldogságot kívánok, kedves Irén!

♦ Jaj de szép! Ez a kedvenc virágom. Igazán nagyon kedves… Erre tessék!

❑ Bemutatom a barátaimat. Ez Miklós, ő is újságíró. Ez pedig Márta, Miklós felesége. És itt van Marika és a vőlegénye, Laci.

❑ Mit iszik? Bort, sört, üdítőt?

● Egy pohár bort kérek.

❑ Fehéret vagy vöröset?

● Inkább vöröset.

❑ Egészségére!

● A háziasszony egészségére!… Ez milyen bor? Igazán nagyon jó.

❑ Egri bikavér.

♦ Egy kis sós süteményt? Vagy szendvicset?

● Köszönöm. Szendvicset kérek… Nagyon finom!

1.

❑ Ráérsz ma este?
● Igen, szabad vagyok. Miért?
❑ Ma van a férjem születésnapja.
Néhány barátunk jön hozzánk.
Nincs kedved eljönni?
● De, nagyon szívesen. Köszönöm
a meghívást.

2.

üdítő: kóla/narancslé

❑ Mit iszol?
● Egy kis sört kérek.
❑ Világosat vagy barnát?
● Inkább világosat.

szendvics: sonkás/sajtos

sütemény: sós/édes

gyümölcs: alma/szőlő

3.

❑ Mi a foglalkozása?
● Mérnök vagyok, egy
gyárban dolgozom. És
ön mit csinál?
❑ Tanár vagyok, és egy
középiskolában tanítok.

munkás   portás
(gyár)

ápolónő   tolmács
(kórház)

gazdálkodó   eladó
(gazdaság)   (cipőbolt)

4.

a)

- ❑ Tessék kérni!
- ● Egy fél kiló kenyeret kérek, három kiflit és tíz deka vajat.
- ❑ Valami mást?
- ● Kérek még 15 deka sajtot.
- ❑ Tejet nem parancsol?
- ● Köszönöm, tejre most nincs szükségem.

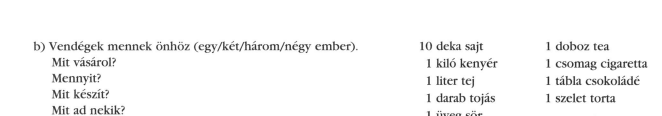

b) Vendégek mennek önhöz (egy/két/három/négy ember).

Mit vásárol?

Mennyit?

Mit készít?

Mit ad nekik?

10 deka sajt	1 doboz tea
1 kiló kenyér	1 csomag cigaretta
1 liter tej	1 tábla csokoládé
1 darab tojás	1 szelet torta
1 üveg sör	

5.

De szép a házatok! És milyen nagy a kertetek!

Hány szobátok van?

Milyen _____?

Hány _____?

Hol van _____?

Van/Nincs _____?

Nekünk van autónk.   A mi autónk fekete.

Nektek	van	autótok.	A ti autótok kék.
Nekik			Az ők autójuk sárga.
Önöknek	van	autójuk.	Az önök
A fiúknak			A fiúk autója zöld.

1 1	a mi	autónk	lakásunk	házunk	biciklink	képünk	sörünk
2 2	a ti	autótok	lakásotok	házatok	biciklitek	képetek	sörötök
3 3	az ő	autójuk	lakásuk	házuk	biciklijük	képük	sörük

1	-(o/a/e/ö)m
2	-(o/a/e/ö)d
3	-(j)a/e
1 1	-(u/ü)nk
2 2	-(o/a/e/ö)tok/tek/tök
3 3	-(j)uk/ük

SZAVAK

IGÉK
ad
csöng
kezd
ráér
repül
tárgyal
tölt
unatkozik
vágyik
vásárol

FŐNEVEK
alma
ápolónő
boldogság
bor
cica
csend
eladó
fehérbor
feleség
férj
gazdálkodó
gazdaság
háziasszony
hónap
idő
kórház
középiskola
kutya
lapkiadó
meghívás
motorkerékpár
munka
munkás
névnap
nyugalom
pihenés
sör
szőlő
szükség
születésnap
tolmács
üdítő
vőlegény
vörösbor

MELLÉKNEVEK
édes
finom
kedvenc
kedves
sajtos
sonkás
sós
vörös

EGYÉB SZAVAK
egyetlen
erre
hozzánk
igazán
máris
rengeteg
a többiek

KIFEJEZÉSEK
vendégségben van
jön-megy
repülnek a napok
nincs egyetlen szabad perce sem
rengeteg dolga van
ráér _ _ _ni
elege van _ _ _ból/ből
vágyik _ _ _ra/re
szüksége van _ _ _ra/re
Tudja, ...
Nincs kedve _ _ _ni?
Köszönöm a meghívást.
Üdvözlöm.
Sok boldogságot (kívánok)!
Jaj de szép!
Erre tessék!
Egészségére!
egri bikavér
nincs szabad ideje
barna/világos sör

D 1. Egészítse ki a főneveket a megfelelő birtokos személyraggal!

-nk **-unk -ünk**	család. . .; erkély. . .; bútor. . .; ablak. . .; ajtó. . .; ház. . .; kert. . .; gáztűzhely. . .; televízió. . .; lakás. . .; vendég. . .; program. . .; szálloda. . .; dolog. . .; idő. . .; rendelő. . .

-(o)tok **-(a)tok** **-(e)tek** **-(ö)tök**	kulcs. . .; óra. . .; bicikli. . .; autó. . .; ház. . .; cím. . .; előszoba. . .; ebédlő. . .; tükör. . .; telefon. . .; barát. . .; kert. . .; hűtőszekrény. . .; igazgató. . .; idő. . .; garázs. . .; erkély. . .; kiadó. . .; lecke. . .; ágy. . .; gyógyszer. . .

-uk -ük **-juk -jük**	barátnő. . .; egyetem. . .; iskola. . .; tanárnő. . .; tanár. . .; telefon. . .; ebéd. . .; bank. . .; szálloda. . .; autó. . .; lakás. . .; gyár. . .; foglalkozás. . .; épület. . .; város. . .; utca. . .; kedv. . .; program. . .; kabát. . .; gyógyszer. . .; bolt. . .

2. Egészítse ki a mondatokat a példa szerint!

a) Nekünk nincs kert.*ünk.*
    Önöknek jó program. . . van.
    Nektek szép könyvtár. . . van.
    Nekik nincs telefon. . ..
    Nektek van bor. . .?
    Önöknek nincs boríték. . .?
    Nekünk sok vendég. . . van.
    Nektek kényelmes lakás. . . van.

b) *Nektek* is van kutyátok?
    — — — rossz kedvünk van.
    — — — nincs evőeszközük.
    — — — jó cigarettájuk van.
    — — — új igazgatótok van?
    — — — most magyaróránk van.
    — — — nincs kávétok?
    — — — van bélyegük?

3. Egészítse ki a mondatpárokat birtokos személyraggal a példa szerint!

A lányok szobá.*ja.* szép. Az ablak.*uk* a Dunára néz.
Az újságírók klub. . . zsúfolt. A program. . . érdekes.
A fiúk lakás. . . kényelmes. A konyha. . . nagy.
Az orvosok munka. . . nehéz. Nincs sok szabad idő. . ..
A gyerekek bútor. . . új. Csak az ágy. . . régi.
A tanárok munka. . . szép. Csak a pénz. . . kevés.

4. Egészítse ki a szöveget a hiányzó végződésekkel!

A Kertész család nem messze lakik Budapest. . ., a Duna mellett. Nekik szép nagy ház. . . van. A kert. . .ből és az erkély. . .ről szép kilátás van a Duna. . ... Van egy nagy fekete kutya. . ., a név. . . Bodri. Ő a család kedvenc. . .. Két autó. . . van, egy nagy és egy kicsi. Kertész Laci. . ., a nagy fiú. . . van egy motorkerékpár. . ., ő az. . . jár be Budapestre. A kislányok. . . csak bicikli. . . van. Az ő iskola. . . közel van a ház. . .hoz. A földszinten van egy nagy nappali. . ., itt együtt lehetnek szabad idő. . .ben. Két fürdőszoba. . . van, mert nagy a család, és gyakran jönnek hozzájuk vendégek.

5. Mi az?

1. ezen megyünk fel az emeletekre a magas épületekben
2. bútor, ezen alszunk
3. 24 óra
4. XI., Bocskai út 15.
5. meleg ↔ __ __ __
6. a 7–8 éves gyerekek már tudnak olvasni és __ __ __
7. iskolában, egyetemen tanul

1.					●
2.				●	●
3.				●	●
4.				●	●
5.					
6.					●
7.					●

JEGYZETEK

12. LECKE

Véletlenül van nálam néhány fénykép

Hazai Gábor fiatal újságíró. Egy budapesti lapnál dolgozik. Sportriporter, elsősorban az atlétikához ért. Nős, de gyerekeik még nincsenek. A felesége, Irén színésznő; egy fővárosi színháznál játszik. Sokat dolgoznak, és este ritkán vannak otthon. Ma azonban ünnep van Hazaiéknál: ma van Irén névnapja. Ezen a napon sohasem dolgoznak, mindig sok vendégük van. Ma is náluk van néhány barátjuk: újságírók, színészek, sportolók. Itt van Paul Braun, a német újságíró is. Gábor és Paul nem egy helyen dolgoznak, de elég gyakran találkoznak a kiadóban.

A vendégeknek jó kedvük van; esznek, isznak, zenét hallgatnak, táncolnak és beszélgetnek.

Paul:	Szabad?
Irén:	Örömmel.
Paul:	Szeret táncolni?
Irén:	Igen, nagyon. De ön is egész jól táncol.
Paul:	Hm. Kár, hogy a feleségemnek más a véleménye.
Irén:	Most mennyi ideig van Budapesten, Paul?
Paul:	Még körülbelül öt hétig maradok itt.
Irén:	A családja is itt van?
Paul:	Nem, ők sajnos otthon vannak, Berlinben.
Irén:	Nincs egy fényképe róluk?
Paul:	De igen. Véletlenül van nálam néhány fénykép.

Paul:	Ez a házunk.
Irén:	Nagyon szép helyen van.
Paul:	Igen, itt mindenhol kertek, parkok vannak. Nekünk is elég nagy kertünk van, és nagyon jó a levegő. Igaz, a város központja egy kicsit messze van. Autón is legalább fél óráig tart az út.

Paul:	Ez a családom: a feleségem és a gyerekeim.
Gábor:	A felesége is újságíró?
Paul:	Nem, ő tanár. Egy középiskolában tanít.
Márta:	És a gyerekeik most hány évesek?
Paul:	A lányunk, Éva 10 éves, a kisfiunk, Róbert 8.

Paul:	Ezek a szüleim. Az apám még dolgozik, mérnök egy gyárban. Az anyám nyugdíjas, ő már csak otthon dolgozik.
Laci:	Ők is a fővárosban élnek?
Paul:	Nem. Ők vidéken laknak egy kisvárosban.

1.

- ❏ Hol élnek a szüleid?
- ● Szegeden.
- ❏ Mit csinál az apád?
- ● Orvos. Egy kórház-ban dolgozik.
- ❏ És az anyád?
- ● Ő tanár egy általános iskolában.

2.

A családom
(a rokonaim)

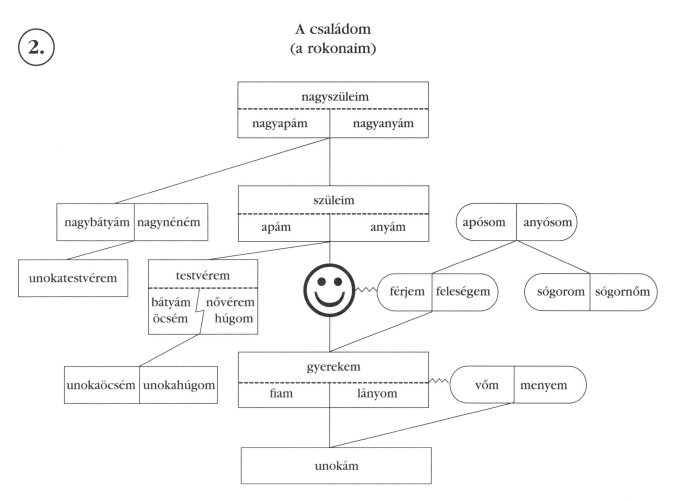

Ki?	Neve?	Hány éves?	Milyen?	Családi állapota?	Foglalkozása?	Munkahelye?
nagyapám	Alföldi Pál	70	alacsony, sovány, komoly	özvegy	nyugdíjas	–
nagybátyám	Alföldi Péter	45	magas, erős, szorgalmas	nős	gazdálkodó	gazdaság
nagynéném	Kiss Jánosné (Szép Anna)	40	szőke, vidám, okos	férjnél van	tolmács	minisztérium
unokatestvérem	Kiss Géza	19	magas, erős, ügyes	nőtlen	futballista	FTC

a)

❑ Hogy hívják a nagybátyádat?
● Melyiket?
❑ Az anyád bátyját.
● Alföldi Péternek.
❑ Hány éves?
● Negyvenöt.
❑ Milyen ember?
● Magas, erős és nagyon szorgalmas.
❑ Mi a foglalkozása?
● Gazdálkodó.
❑ Hol dolgozik?
● A saját gazdaságában.
❑ Nős?
● Igen, nős.
❑ Van gyerekük?
● Igen, két fiuk van.

b)

Az egyik nagybátyámat Alföldi Péternek hívják. Ő az anyám bátyja. Negyvenöt éves, magas, erős férfi. Nagyon szorgalmas ember, mindig dolgozik. Vidéken él egy kis faluban. Gazdálkodó, a saját gazdaságában dolgozik. Nincs sok földje, de sok állata és modern gépei vannak. A gazdaságban a felesége és néha a fiai segítenek neki. Két fiuk van, az egyik az egyetemen tanul, a másik középiskolába jár.

!

férfi:	nős ↔ nőtlen
nő:	férjnél van ↔ nincs férjnél
nő, férfi:	elvált, özvegy

NYELVTAN

Nekünk **vannak** **könyveink** . | A **mi** | **könyveink** érdekesek.

autó			-m	az **én** leck**éim**
lámpá			-d	a **te** könyv**eid**
leck**é**			–	az **ő** lámp**ái**
lakás**a**	} -i {		-nk	a **mi** program**jaink**
könyv**e**			-tok/tek	a **ti** autó**itok**
program**ja**			-k	az **ő** kert**jeik**
kert**je**				

Meddig?
(Mennyi ideig?)   -ig

– **Meddig** maradnak, kérem, a szállodában?

– Öt | nap**ig** .

-**ék**

Géza és a családja		≈ Kovács**ék**
Géza és a barátai		a sógorom**ék**
Géza és a többiek	} Gézá**ék**	a mérnök úr**ék**
Géza és még egy vagy több ember		stb.

SZAVAK

IGÉK
él
ért
játszik

FŐNEVEK
állat
anyós
após
atlétika
báty
fénykép
főváros
futballista
gép
hely
hét
iskola
központ
lap
meny
minisztérium
nagyanya
nagyapa
nagybáty
nagynéni
nagyszülő
nővér
nyugdíjas
rokon
sógor
sógornő
sportoló
sportriporter
színész
színésznő
szülő
taxisofőr
testvér
unoka
unokahúg
unokaöcs
unokatestvér
ünnep
vélemény
vendég
vidék
vő

MELLÉKNEVEK
általános
buta
elvált
erős
fiatal
fővárosi
gyenge
igaz
komoly
lusta
nős
nőtlen
okos
özvegy
szorgalmas
udvarias
udvariatlan
ügyes
ügyetlen
vidám

EGYÉB SZAVAK
azonban
egész
elsősorban
gyakran
legalább
mindenhol
nála
néha
ritkán
róla
saját
sohasem

KIFEJEZÉSEK
ért _ _ _hez
Szabad?
Örömmel.
egész jól
Mennyi ideig?
Igaz, ...
_ _ _ig tart az út
vidéken
általános iskola
férjnél van
nincs férjnél
Hogy hívják _ _ _t?

1. Egészítse ki a főneveket a megfelelő birtokos személyraggal!

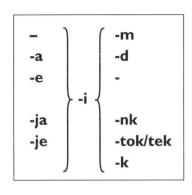

(1) toll.aim.; testvér. . .; barát. . .; barátnő. . .; fiók. . .; könyv. . .; ing. . .; pohár. . .; polc. . .; föld. . .; ház. . .

(2) cipő. . .; óra. . .; polc. . .; ujj. . .; kulcs. . .; nap. . .; gyógyszer. . .; gondolat. . .; virág. . .; kalap. . .

(3) kanál. . .; fa. . .; ház. . .; utca. . .; diák. . .; lift. . .; bútor. . .; bőrönd. . .; gyerek. . .; vendég. . .; láb. . .

(1)(1) gyerek. . .; bútor. . .; evőeszköz. . .; ablak. . .; pad. . .; levél. . .; vendég. . .; óra. . .; lecke. . .; cipő. . .

(2)(2) gyógyszer. . .; pulóver. . .; virág. . .; ceruza. . .; ruha. . .; pad. . .; szék. . .; könyv. . .; fa. . .; levél. . .

(3)(3) hajó. . .; emelet. . .; bolt. . .; ajtó. . .; fa. . .; nap. . .; ablak. . .; kép. . .; gyerek. . .; testvér. . .; klub. . .

2. Egészítse ki a szöveget a hiányzó végződésekkel!

Az én csalá. . . Szegeden él. Az apám orvos, egy kórház. . . dolgozik. Az anyám egy általános iskola igazgató. . .. Két testvér. . . van: egy húg. . . és egy báty. . .. Ők is tanul. . .. Én most nem lak. . . otthon, Budapest. . . élek, mert itt tanul. . .. Egyetem. . . járok. Mindig nagyon sok dolog. . . van, kevés a szabad idő. . .. A bátyám még csak 26 év. . ., de már nős. A feleség. . . 24 éves. A szüleim ház. . .ban laknak, mert még nincs lakás. . .. De már van két gyerek. . ., egy lány. . . és egy fiú. . .. A gyerek. . . nagyon szépek, és mindig vidám. . .. A kislány. . . szőke haj. . . és kék szem. . . van, a kisfiú haj. . . és szem. . . barna.

3. Egészítse ki a mondatokat a felsorolt igék egyikével és a megfelelő végződéssel!

Az előadás két órá.ig __tart__. Három hét. . . __ __ __ (1) Budapesten. Kati minden este egy-két óra. . . zenét __ __ __ . A gyerekek vacsora után egy óra. . . televíziót __ __ __ . Mennyi idő. . . __ __ __ ez a film? Hány perc. . . __ __ __ az autóbusz? Néhány perc. . . még __ __ __, azután hazamegyek. Egy jó hűtőszekrény húsz év. . . is __ __ __ . Péter beteg, ezért néhány nap. . . ágyban __ __ __ .

áll
hallgat
marad
működik
néz
tart
vár

4. Egészítse ki a szöveget a hiányzó rokonságnevekkel!

Te az unokatestvérem vagy. Az apád a nagyszüleim __fia__ __ . Ő az én __ __ __ . Az apád nővére az én __ __ __ . Neki is vannak gyerekei, ők is az én __ __ __ . A húgomnak két gyereke van; a fia az én __ __ __ , a lánya pedig az __ __ __ . Ők a szüleim __ __ __ . Én nős vagyok. A feleségem szülei: az __ __ __ és az __ __ __ már öregek. Egy kis faluban laknak. Ott lakik az egyik sógorom is, aki a feleségem __ __ __ .

5. Írja be a melléknevek ellentétes jelentésű párját! Keressen a megadott főnevekhez illő mellékneveket!

Milyen?

alacsony	↔	_ _ _
sovány	↔	_ _ _
gyenge	↔	erős
_ _ _	↔	szép/csinos
vidám	↔	komoly
lusta _	↔	szorgalmas
buta	↔	okos
udvariatlan	↔	udvarias
ügyetlen	↔	ügyes

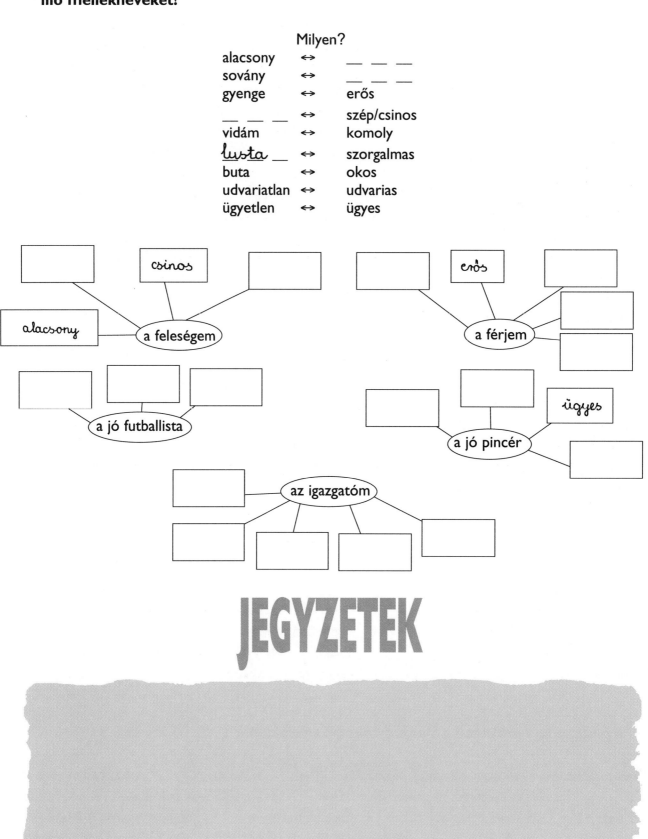

JEGYZETEK

13. LECKE

Az más

Miklós és Márta ma este étteremben akarnak vacsorázni. Márta nem nagyon szeret főzni, Miklós pedig nem szereti a hideg vacsorát, így elég gyakran járnak étterembe. Ma nem egyedül mennek, hanem meghívják a barátaikat is: Lacit és menyasszonyát, Marikát. Ismernek egy jó kis éttermet Budán, közel a lakásukhoz. Az étterem neve: Jófalat. Nagyon jó étterem, és nem is túl drága. Ezért nagyon népszerű hely, sokan járnak ide. Majdnem minden este tele van.

Miklós délután felhívja az éttermet telefonon, és asztalt foglal.

Pincér:	Halló! Jófalat étterem.
Miklós:	Jó napot kívánok! Asztalt szeretnék foglalni ma estére.
Pincér:	Hány személyre?
Miklós:	Négyre.
Pincér:	Milyen névre?
Miklós:	Lengyel Miklós.
Pincér:	Rendben van, várjuk önöket.

Márta és Miklós délután fél hatkor már otthon vannak, és várják a barátaikat. Marikáék Laci autóján érkeznek hat órakor. Először leülnek a nappaliban, és beszélgetnek egy kicsit. Miklós egy üveg konyakot tesz az asztalra, kinyitja, és tölt mindenkinek. De Laci most nem ihat konyakot, ő ma még vezet. Csak hét órakor indulnak az étterembe. Gyalog mennek, Laci is Miklósék háza előtt hagyja a kocsiját.

Pincér:	Sajnos nincs szabad asztalunk.
Miklós:	Foglaltunk asztalt.
Pincér:	Az más. Milyen névre?
Miklós:	Lengyel Miklós.
Pincér:	Tessék parancsolni, Lengyel úr! Ez az asztaluk. Megfelel?
Miklós:	Igen, jó lesz. Kérem az étlapot!
Pincér:	Azonnal hozom.

Marika:	Ismeritek ezt az éttermet?
Márta:	Igen, és nagyon szeretjük. Gyakran járunk ide.
Laci:	Jól főznek?
Miklós:	Szerintem igen. Főleg a halat készítik jól.
Laci:	Igen? Kár.
Miklós:	Miért kár?
Laci:	Mert én nem szeretem a halat.

95

B

1. HUNGÁRIA

KIS RABLÓ

EURÓPA

BERLIN

- ❏ Halló! Gellért étterem.
- ● Jó estét kívánok! Asztalt szeretnék foglalni vasárnap délre.
- ❏ Hány személyre?
- ● Kettőre.
- ❏ Milyen névre?
- ● Budai Péter.
- ❏ Rendben van, várjuk önöket.

2.

- ❏ Tessék parancsolni!
- ● Ebédelni szeretnénk.
- ❏ Erre tessék!... Tessék helyet foglalni!
- ● Kérjük az étlapot.
- ❏ Azonnal hozom, kérem.

3.

sör (keserű) — narancslé

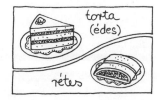

torta (édes) — rétes

húsleves (zsíros) — gyümölcsleves

- ❏ Szereted a húslevest?
- ● Nem nagyon, nekem túl zsíros. Jobban szeretem a gyümölcslevest.

konyak (erős) — bor

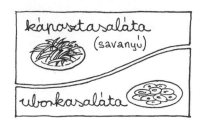

káposztasaláta (savanyú) — uborkasaláta

4.

Mai ételeink

Levesek

Húsleves
Zöldségleves
Gyümölcsleves
Krumplileves
Paradicsomleves

Saláták

Paradicsomsaláta
Uborkasaláta
Káposztasaláta
Vegyes saláta

Sütemények

Torta
Rétes
Krémes

Húsételek

Rántott szelet
Marhapörkölt
Magyaros sertésszelet
Sült csirke

Halételek

Halászlé
Sült hal
Rántott hal

Italok

Fehérbor
Vörösbor
Világos sör
Barna sör
Gyümölcslé
Ásványvíz

a)
❏ Te milyen levest eszel?
● Gyümölcslevest. Te is?
❏ Nem. Én nem szeretem
  a gyümölcslevest.
● Akkor mit kérsz?
❏ Zöldséglevest.

b)
❏ Milyen saláta van?
▲ Paradicsomsaláta, uborkasaláta, káposz-
  tasaláta és vegyes saláta.
❏ Én uborkasalátát kérek.
▲ És ön?
● Én vegyes salátát.

c)
❏ Szereted a halászlét?
● Nem szeretem.
❏ És å sült halat?
● Azt sem.
❏ Akkor mit eszel?
● Rántott halat.

d)
○ Szereti a bort?
● Nem.
○ És a sört?
● Azt sem.
○ Akkor mit iszik?
● Ásványvizet.

97

Mit csinálsz?   Kit vársz?

Várok.

≈ Olvasok.

Egy lányt várok.

≈ Egy könyvet olvasok.

Ismersz egy jó éttermet?

Évát várom.

≈ Ezt a könyvet olvasom.

Ismered a Jófalat éttermet ?

! ez/az az étterem
ezt/azt az étterem**et**
ez**ek**/az**ok** az étterm**ek**
ez**eket**/az**okat** az étterm**eket**

1	várom	ismerem	küldöm
2	várod	ismered	küldöd
3	várja	ismeri	küldi
1 1	várjuk	ismerjük	küldjük
2 2	várjátok	ismeritek	küldítek
3 3	várják	ismerik	küldik

-om	-em	-öm
-od	-ed	-öd
-ja		-i
-juk		-jük
-játok		-itek
-ják		-ik

SZAVAK

IGÉK
felhív
foglal
hagy
hoz
ismer
kinyit
megfelel
meghív
tesz
üdvözöl
vezet

FŐNEVEK
ásványvíz
csirke
étel
étlap
hal
halászlé
ital
káposzta
konyak
krémes
krumpli
leves
marha
menyasszony
paradicsom
pörkölt
rétes
saláta
sertés
személy
szó
uborka
zöldség

MELLÉKNEVEK
keserű
mai
népszerű
rántott
savanyú
sült
vegyes
zsíros

EGYÉB SZAVAK
azonnal
egyedül
főleg
hanem
így
jobban
majdnem
más
sokan
tele

KIFEJEZÉSEK
asztalt foglal
telefonon felhív
Szeretnék/Szeretnénk _ _ _ni.
Hány személyre?
Milyen névre?
Foglaltunk asztalt.
szabad asztal
Az más.
Megfelel?
sült hal
rántott hal
vegyes saláta
hideg vacsora
jobban szeret

D **1. Egészítse ki az igéket a megfelelő ragokkal!**

-om/-em/-öm	ismer. . .; tanít. . .; keres. . .; főz. . .; csinál. . .; küld. . .; kér. . .; olvas. . .; üdvözöl. . .; bemutat. . .; ír. . .

-od/-ed/-öd	tanul. . .; vár. . .; kér. . .; szeret. . .; tud. . .; üdvözöl. . .; küld. . .; főz. . .; ismer. . .; csinál. . .; hoz. . .

-ja/-i	meghív. . .; ismer. . .; vár. . .; bemutat. . .; bérel. . .; ír. . .; készít. . .; tud. . .; felhív. . .; kér. . .; csinál. . .

-juk/-jük	kér. . .; ismer. . .; tanul. . .; vár. . .; mutat. . .; üdvözöl. . .; csinál. . .; ír. . .; tud. . .; küld. . .; szeret. . .

-játok/-itek	tanul. . .; tanít. . .; ismer. . .; vár. . .; szeret. . .; készít. . .; meghív. . .; csinál. . .; küld. . .; ír. . .

-ják/-ik	kér. . .; vár. . .; ismer. . .; szeret. . .; felhív. . .; tanít. . .; tanul. . .; küld. . .; csinál. . .; készít. . .

2. Egészítse ki a szöveget a megfelelő igeragokkal!

Én most Budapesten lak. . .. Egy szép kis lakást bérel. . .. A rádióban dolgoz. . .. Már jól ismer. . . Budapestet, és tanul. . . a magyar nyelvet. Még nem ismer. . . sok szót, de már tud. . . az ételek és italok nevét. Az étteremben magyarul beszél. . ., és magyarul üdvözöl. . . a barátaimat.

3. Egészítse ki a szöveget a megfelelő igeragokkal!

Laci és Kati meghív. . . a barátaikat vacsorára. Laci jól ismer. . . és nagyon szeret. . . a Kis Rabló éttermet. Oda mennek. Délután Laci felhív. . . az éttermet, és asztalt foglal. . .. Este 8 órakor érkez. . . az étterembe. Leül. . ., és kér. . . az étlapot. Beszélget. . . az ételekről. Laci szerint itt főleg a halat készít. . . jól. Sajnos János nem szeret. . . a halat.

4. Egészítse ki a szöveget a hiányzó tárgyragokkal és – ha kell – a többes szám jelével!

Ismered az. . . a lányt? Nem szeretem ez. . . a bor. . .. Sok ember tanulja ezek. . . a nyelv. . .. Látod az. . . a házak. . .? Az. . . a kabát. . . kérem. Kinek küldöd ez. . . a levél. . .? Az. . . a busz. . . várom.

5. Az étteremben

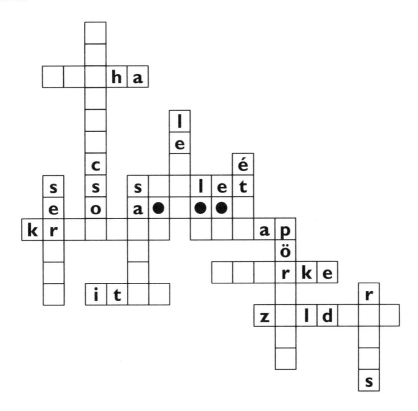

JEGYZETEK

14. LECKE

Jó étvágyat!

A vidám társaság ott ül az asztalnál. Marika körülnéz az étteremben. Majdnem minden asztalnál ülnek vendégek, a pincérek ételekkel, italokkal jönnek-mennek az asztalok között. Marikának tetszik az étterem. Kellemes zene szól, a zenészek népszerű számokat játszanak. A pincér máris hozza az étlapot, és eléjük teszi.

Laci:	Eszünk levest?
Marika:	Persze. Te mit választasz?
Laci:	Miklós azt mondja, hogy itt nagyon jó a halászlé. De tudod, hogy én nem szeretem a halat… Ön melyik levest ajánlja?
Pincér:	Nálunk minden jó, de különösen ajánlhatom az erőlevest májgaluskával.
Laci:	Akkor kérünk kettőt.
Márta:	Én nem kérek levest, inkább valamilyen előételt. Mondjuk egy franciasalátát. És te, Miklós?
Miklós:	Én maradok a halászlé mellett.

Pincér:	Utána mit hozhatok?
Márta:	Én egy rántott májat kérek.
Pincér:	Burgonyával vagy rizzsel?
Márta:	Rizzsel.
Pincér:	Salátát parancsol?
Márta:	Igen, egy paradicsomsalátát kérek.
Laci:	Mi citromos borjúszeletet kérünk vegyes salátával.
Pincér:	És ön, uram?
Miklós:	Én egy túrós csuszát.

Pincér:	És milyen italt parancsolnak?
Miklós:	Mit iszunk? Sört? Bort?
Marika:	Inkább bort.
Miklós:	Hozzon, kérem, egy üveg szürkebarátot!
Laci:	És nekem egy üveg ásványvizet… Tudjátok, hogy nem ihatok alkoholt. Vezetek.
Mindenki:	Jó étvágyat!

Pincér:	Valami desszertet? Süteményt, fagylaltot, gyümölcsöt? Ajánlhatom a meggyes rétest.
Márta:	Jó, akkor meggyes rétest eszünk.
Miklós:	Én inkább gyümölcsöt eszem. Mondjuk szőlőt.
Laci:	Én nem kérek desszertet, csak egy kávét.

Mindenki:	Egészségetekre!
Miklós:	Főúr! Fizetek!
Pincér:	Igenis, kérem… Tessék a számla: nyolcezer-négyszázhúsz forint.
Miklós:	Tessék. Ezret kérek vissza.
Pincér:	Köszönöm szépen. Egészségükre!

Mai ételeink

Előételek

Franciasaláta
Rántott sajt
Rántott gomba
Hortobágyi palacsinta

Frissensültek

Rántott máj
Rántott borda
Sült csirke
Magyaros sertésszelet

Halételek

Halászlé
Tejfölös ponty
Rántott ponty

Levesek

Paradicsomleves
Húsleves
Erőleves májgaluskával
Gulyásleves
Gombaleves

Készételek

Marhapörkölt
Sertéspörkölt
Birkapörkölt
Birkagulyás
Töltött paprika
Paprikás csirke

Tészták

Túrós csusza
Káposztás kocka
Szilvás gombóc
Túrós palacsinta
Kakaós palacsinta

Saláták

Uborkasaláta
Káposztasaláta
Vegyes saláta
Paradicsomsaláta
Céklasaláta

Köretek

Sült burgonya
Rizs
Galuska
Párolt káposzta
Párolt zöldbab

Desszertek

Torták
Meggyes rétes
Krémes
Vegyes gyümölcssaláta
Fagylalt

❏ Mit parancsol?

● Először kérek egy rántott sajtot.

❏ Utána mit hozhatok?

● Azután hozzon, kérem, egy sertéspörköltet galuskával!

❏ Salátát?

● Uborkasalátát.

❏ Milyen italt parancsol?

● Egy üveg sört kérek.

❏ Parancsol valamilyen desszertet?

● Milyen süteményük van?

❏ Van torta, krémes, rétes.

● Akkor hozzon két krémest!

❏ Azonnal hozom.

● Főúr, fizetek!

❏ Igen, kérem… Egy rántott sajt, egy sertéspörkölt, uborkasaláta, egy üveg sör és két krémes, az … ezerhétszázhatvan forint.

● Tessék.

❏ Köszönöm szépen. Egészségére!

2.

palacsinta | túrós csusza
édes

sertéspörkölt | töltött paprika
zsíros

keserű

halászlé | gombaleves
csipős

❑ Én egy pohár konyakot iszom. Te is?
● Nem, én nem kérek konyakot.
❑ Miért? Talán nem szereted?
● Nem nagyon. Túl erős. Én inkább egy pohár bort iszom.

3.

20°C

TEJ
savanyú

száraz

Piszkos

Savanyú

15°C

5°C

❑ Főúr!
● Igenis, kérem.
❑ Ez a leves hideg.
● Elnézést kérek, azonnal hozok egy másikat.

4.

eszik

iszik

lát

❑ Önök hova mennek ma este?
● Nem megyünk sehova sem. Fáradtak vagyunk. És önök mennek valahova?
❑ Igen, mi színházba megyünk.

5.

gulyás | paprika

saláta | ecet

jég

szilvás gombóc | cukor

❑ Ízlik a leves?
● Igen, nagyon finom. Neked is ízlik?
❑ Nem nagyon. Szerintem nem elég sós.
● Tessék! Itt a só.

104

Kivel? } **-val**
Mivel? } **-vel**

Mivel kéri a húst?

Burgonyával .

Kivel mész moziba?

Katival .

≈ fiú**val**, nő**vel**, villá**val**, bicikli**vel** stb.

! kanál → kaná**llal**
    kés → kés**sel**
    Péter → Péter**rel**
    lány → lán**nyal**
    autóbusz → autóbus**szal**
    stb.

kér ↔ kéri

Kit } keres?
Mit }

Milyen } könyvet kér?
Hány }

Látok { valakit.
      { valamit.

Egy könyvet olvasok.

⟷

Melyik } könyvet kér**i**?
Hányadik }

Lá**tom** { Évát.
        { Budapestet.

A könyvet }
Ezt a könyvet } olvas**om**.
Ezt }

Mi? 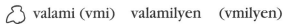 valami (vmi)   valamilyen (vmilyen)   semmi sem   semmilyen sem
                            valahol   (vhol)   sehol sem
Ki? valaki (vki)   valahova   (vhova)   sehova sem
                            valahonnan (vhonnan)   senki sem   sehonnan sem

SZAVAK

IGÉK
ajánl vmit
felel vmit
gondol vmit
ízlik
kérdez vmit
körülnéz
süt vmit
szól
választ vmit
visszakér vmit

FŐNEVEK
alkohol
borjúszelet
borravaló
burgonya
csusza
desszert
ecet
előétel
erőleves
fagylalt
felnőtt
főzelék
franciasaláta
jég
májgaluska
meggy
palacsinta
paprika
rizs
só
szám
számla
társaság
tejeskávé
túró
vonat
zenész

MELLÉKNEVEK
citromos
csípős
fáradt
száraz

EGYÉB SZAVAK
általában
eléjük
háromszor
igenis
különösen
talán
utána

KIFEJEZÉSEK
zene szól
vmi mellett marad
Mondjuk. . .
Főúr!
túrós csusza
Elnézést kérek!
reggelire/ebédre/vacsorára eszik vmit

1. Egészítse ki a főneveket a megfelelő ragokkal!

Kivel?
Mivel?

ceruza. . .; hajó. . .; bicikli. . .; burgonya. . .; tanárnő. . .; fiú. . .; sonka. . .; villa. . .; sajt. . .; kifli. . .; kanál. . .; kés. . .; evőeszköz. . .; autóbusz. . .; apám. . .; testvéretek. . .; taxi. . .; feleségem. . .; szüleink. . .; barátnőd. . .; vaj. . .; tej. . .; cukor. . .; portás. . .; újságíró. . .; tanár. . .; diákok. . .; szemüveg. . .; víz. . .; zsemle. . .; barátnője. . .; pincér. . .; húgod. . .; apja. . .; öcséd. . .; nővérük. . .

2. Válaszoljon a kérdésekre a példa szerint!

Ti mivel utaztok Szegedre? *Vonattal utazunk.* _ _ _ _ _ _ _ _ _ _ _ (vonat)

Kivel mentek az étterembe? _ (barátaink)

Mivel kéred a pörköltet? _ (galuska)

Ön mivel eszi a sült húst? _ (rizs)

Kivel mennek az Operába? _ (gyerekeink)

Kivel bérel lakást Albert? _ (Péter, Viktor)

Kivel találkozik Paul Braun? _ (szerkesztők)

Kivel utazol vidékre? _ (ismerőseim)

3. Egészítse ki a mondatokat a hiányzó ragokkal!

Melyik süteményt kér. . . (ön)? Milyen szendvicset _ _ _ (eszik; ti)?
Hány zsemlét kér. . . (te)? Mennyi cukrot tesz. . . a kávédba? Melyik ételt választ. . . (mi)?
Milyen levest főz. . . (te)? Ti melyik gyümölcsöt szeret. . .? Önök milyen bort vesz. . .?
Milyen süteményt süt. . . (te) vasárnap? Melyik éttermet ajánl. . . (ti) nekünk?

4. Szerkesszen összetett mondatokat a példa szerint! A főmondatban használja a zárójelbe tett igéket!

Éva: Én nem ehetek süteményt. (mond)
Éva azt mondja, hogy nem ehet süteményt.
Sofőr: Nem ismerem ezt az utcát. (mond)
Pincér: Ajánlom önöknek az erőlevest. (mond)
Gyerekek: Nagyon szeretjük a palacsintát. (mond)

Paul Braun: Szükségem van egy kis pihenésre. (gondol)

Marika: Milyen bort kérünk? (kérdez)

Gábor: A szürkebarátot ajánlom. (felel)

Vendégek: Valami desszertet is választunk. (mond)

Háziasszony: Valamilyen süteményt is sütök a vendégeknek. (gondol)

5. Egészítse ki a szöveget a hiányzó végződésekkel, illetve az igék megfelelő alakjával!

Miklósék meghív. . . a barátaikat egy étterembe. Először otthon __ __ __ (iszik) egy pohár konyakot, és beszélget. . . egy kicsit. Gyalog __ __ __ (megy) az étterembe; Laci is a ház előtt hagy. . . a kocsiját. A pincér az asztalukhoz vezet. . . őket. Leül. . ., és kér. . . az étlapot. Miklós halászlét kér. . ., Laci egy levest választ. . ., mert nem szeret. . . a halászlét. Márta pedig a franciasalátát választ. . .. Utána húst __ __ __ (eszik), és bort __ __ __ (iszik). Miklós kér. . . a számlát. Fizet, és majdnem hatszáz forint borravalót ad. . . a pincérnek.

6. Egészítse ki a szöveget a hiányzó végződésekkel, majd beszéljen (és/vagy írjon) hasonló módon más népek étkezési szokásairól!

A magyar. . . szeretnek jól enni és inni. Általában egy nap háromszor esznek: reggel reggeliz. . ., délben ebédel. . ., és este vacsoráz. . .. A reggeli kenyér, zsemle vagy kifli vajjal, sonka. . ., sajt. . ., kolbász. . .. A felnőttek tejeskávé. . . vagy tea. . ., a gyerekek tej. . . vagy kakaó. . . isznak. Ebédre általában levest esz. . ., húst krumpli. . ., rizs. . . vagy főzelék. . ., és utána egy kis sütemény. . . vagy gyümölcs. . . Ebéd után kávét isz. . .. Este majdnem mindenki otthon vacsoráz. . ., kevés ember jár étterem. . .. Sok család este is meleget esz. . ., más családoknál hideg vacsora van.

Az angolok / németek / franciák / japánok / egyiptomiak stb.

15. LECKE

A Városligetbe megyünk

Barta István magyar üzletember. Harmincöt éves, magas férfi. Nős, a felesége közgazdász. Két gyerekük van, két kislány: Mónika és Judit. Barta úr egy magyar–holland vegyes vállalatnál dolgozik. Jól beszél angolul és németül, és most tanul hollandul. A Barta család hétköznap csak reggel és este találkozik; napközben a szülők dolgoznak, a gyerekek pedig az iskolában vannak. A hétvégét azonban mindig együtt töltik. Sokat kirándulnak: nagyon szeretik a természetet. Van autójuk, de csak akkor használják, ha vidékre utaznak.

Barta úr pénteken délben együtt ebédel Jan Kokkal, egy holland üzletemberrel. Jan jól beszél magyarul, sok magyar ismerőse van, de most van először Magyarországon. Egy hetet tölt itt. A Gellért Szállodában lakik.

❑ Hogy érzi magát Budapesten?

● Köszönöm, igazán jól érzem magam. Mindenki nagyon kedves hozzám, a munkámmal is jól haladok.

❑ És hogy tetszik Budapest?

● Nagyon szép város. Sajnos, még alig ismerem. Reggeltől estig dolgozom, nincs időm a városban sétálni. Talán majd a hétvégén. . .

❑ Erről jut eszembe. Mit csinál holnap délután?

● Semmi érdekeset. Miért?

❑ A Városligetbe megyünk a gyerekekkel. Nincs kedve velünk jönni?

● De, nagyon szívesen. Még nem ismerem a Városligetet. Mit lehet ott látni?

❑ Sok mindent. Ott van a Szépművészeti Múzeum, az Állatkert és a Vidám Park. De van ott cirkusz, fürdő, egy kis tó és sok más is. És valójában az egész Városliget egy nagy park.

● Mit csinálunk majd?

❑ Először bemegyünk a múzeumba. Van egy nagyon érdekes kiállítás: Rembrandt a Szépművészeti Múzeumban. Ez biztosan önt is érdekli.

● Természetesen. Nagyon szeretem a festészetet, és éppen Rembrandt a kedvenc festőm. És utána hova megyünk?

❑ Az Állatkertbe. Meglátogatjuk a gyerekek kedvenc állatait: megkeressük a medvéket, megnézzük az oroszlánokat. Végül pedig elvisszük a gyerekeket a Vidám Parkba. Persze, ha akar, ön is felülhet az óriáskerékre vagy a hullámvasútra. Este azután megvacsorázunk valahol. Jó lesz?

● Remek. És mikor indulunk?

❑ Mindjárt ebéd után. Kettőkor találkozunk a szálloda halljában.

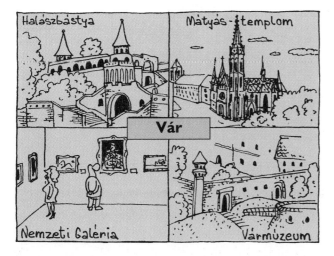

- ❑ Nincs kedved feljönni velem a Várba?
- ● A Várba? Mit lehet ott látni?
- ❑ Sok mindent. Ott van a Nemzeti Galéria, a Mátyás-templom, a Vármúzeum és a Halászbástya. De vannak ott éttermek, bárok és sok más.
- ● És mit csinálunk majd?
- ❑ Először megnézzük a Mátyás-templomot, azután bemegyünk a Nemzeti Galériába, végül pedig sétálunk egy kicsit a Halászbástyán.
- ● Utána pedig beülünk valahova, és iszunk valamit. Jó?
- ❑ Remek.

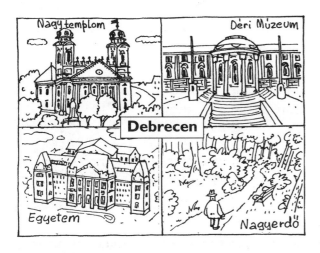

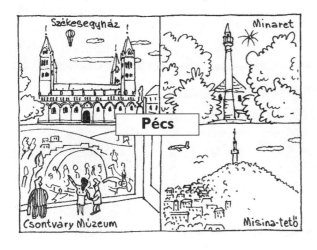

2.

❑ Mit csinálsz holnap délelőtt? Nem jössz el velem uszodába?

● Sajnos nem érek rá. Már van programom holnap délelőttre: az Állatkertbe megyek a kisöcsémmel.

❑ Kár.

● Talán majd máskor.

3. **a) Mit csinál Kovács tanár úr a könyvtárban?**

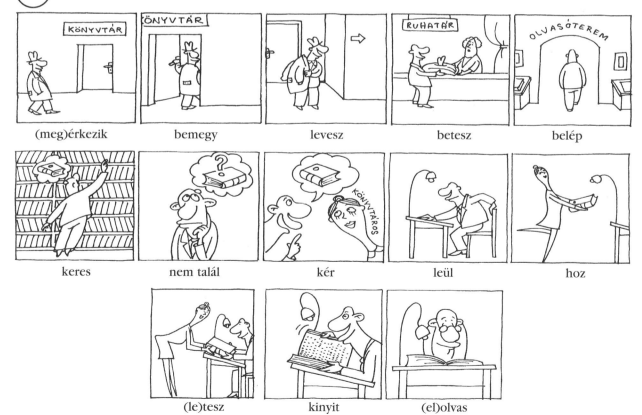

b) **Mit csinál ön, ha könyvtárba megy?**

$$\left.\begin{array}{l} \text{-s} \\ \text{-sz} \\ \text{-z} \end{array}\right\} + \text{-j} \rightarrow \left\{\begin{array}{l} \textbf{-ss} \\ \textbf{-ssz} \\ \textbf{-zz} \end{array}\right.$$

olvasom	hozom	viszem
olvasod	hozod	viszed
olvassa	hozza	viszi
olvassuk	hozzuk	visszük
olvassátok	hozzátok	viszitek
olvassák	hozzák	viszik

meg-
el-

megtanul

elolvas

tanul   (tud)

olvas

Ma délután **megtanulom** az ételek nevét.

Holnap **elolvasom** ezt a könyvet.

≈ megnéz
megvacsorázik
stb.

elkészít
stb.

Kivel?	velem, veled, vele önnel	**Kit?**	engem, téged, őt önt
	velünk, veletek, velük önökkel		minket, titeket, őket önöket

ha

Ha beteg vagyok , orvoshoz megyek.

Csak akkor megyek orvoshoz, **ha** beteg vagyok .

SZAVAK

IGÉK
belép
betesz
elvisz
érdekel
érez
felül
halad
használ
letesz
levesz
megáll
megkóstol
meglátogat
talál

FŐNEVEK
állatkert
cirkusz
erdő
festészet
festő
film
főiskola
fürdő
gyakorlat
hall
hétvége
hullámvasút
ismerős
kiállítás
kilométer
közgazdász
lecke
medve
nagymama
óriáskerék
oroszlán
part
rész
ruhatár
stadion
székesegyház
természet
tó
üzletember
vállalat

MELLÉKNEVEK
északi
híres
holland

EGYÉB SZAVAK
alig
biztosan
éppen
ha
hétköznap
maga
mindjárt
napközben
sokat
valójában
végül

KIFEJEZÉSEK
vegyes vállalat
Hogy érzi magát?
Jól érzem magam.
vki halad vmivel
Hogy tetszik ...?
reggeltől estig
Erről jut eszembe.
Nagyon szívesen.
Mit lehet ott látni?
sok minden
Szépművészeti Múzeum
Vidám Park
Nemzeti Galéria
Duna-part
királyi palota
leveszi a kabátját
az úton

1. Egészítse ki az igéket a megfelelő ragokkal!

Péter vár.ja / ismer.i . / szeret. . . / keres. . . / meghív. . . Katit.
Mi tejjel szeret. . . / kér. . . / isz. . . a kávét.
A pincér ajánl. . . / hoz. . . / visz. . . az ételeket a vendégeknek.
A fiúk keres. . . / behoz. . . / elolvas. . . / kivisz. . . a könyveket.
Ti mivel szeret. . . / kér. . . / hoz. . . / esz. . . / parancsol. . . a húst?
Mi a konyhában készít. . . / főz. . . / esz. . . / kap. . . a vacsorát.

2. Egészítse ki a szöveget a megadott igék megfelelő alakjával! Minden ige csak egyszer szerepeljen!

elkészít, elmosogat, elolvas, megfőz, megír, megkeres, megmos, megnéz, megsüt, megtanul,
megvacsorázik, megvár

Mit csinálsz ma délután és este?

Most hazamegyek. Otthon először bemegyek a fürdőszobába, és __ __ __ a kezemet. Azután bemegyek a szobámba, és leülök az asztalomhoz: __ __ __ az új leckét, __ __ __ a gyakorlatokat. Az új szavakat __ __ __ a szótárban, és __ __ __ őket. Hat órakor kimegyek a konyhába, és __ __ __ a vacsorát: __ __ __ a levest, és __ __ __ a húst. Azután __ __ __ a férjemet, és együtt __ __ __. Vacsora után __ __ __, majd leülök a tévé elé, és __ __ __ a filmet.

3. Egészítse ki a szöveget a személyes névmásoknak a megadott kérdésekre felelő formáival!

Feri:

Moziba akarok menni. A barátnőm Mónika. Természetesen __ __ __ is meghívom. Először telefonálok __ __ __, azután elmegyek __ __ __. Beszélgetek __ __ __ egy kicsit, iszom __ __ __ egy kávét, és együtt elmegyünk a moziba.

Mónika:

A barátom, Feri moziba akar menni. Természetesen __ __ __ is meghív. Először telefonál __ __ __, azután eljön __ __ __. Beszélget __ __ __ egy kicsit, iszik __ __ __ egy kávét, és együtt elmegyünk a moziba.

Kit?
Kinek?
Kihez?
Kivel?
Kinél?

4. Párosítsa a két oszlop elemeit úgy, hogy logikus feltételes mondatokat kapjon!

Ha éhes vagyok,	este elmehetünk moziba.
Ha nincs kedved eljönni,	ihatunk egy üdítőt.
Ha szomjasak vagytok,	otthon maradhatsz.
Ha fáj a fejem,	nem vehetitek meg ezt az autót.
Ha nincs elég pénzetek,	eszem valamit a büfében.
Ha ráérsz,	beveszek egy fájdalomcsillapítót.

5. Egészítse ki a szöveget a hiányzó végződésekkel és igekötőkkel!

Barta István a hétvégén Eger. . . utazik a feleségével. A gyerekek. . . a nagymamánál hagyják Budapesten. Eger szép kisváros Magyarország északi részén, Budapesttől körülbelül 110 kilométerre. Szombat reggel indulnak, autó. . . mennek. Az úton megáll. . . valahol, és isz. . . egy kávét. Egerben először keresnek egy szálloda. . ., mert két napig akarnak itt marad. . .. Azután sétálnak a város. . .. Megnéz. . . a régi várat, . . .mennek a székesegyházba, és meglátogatják a főiskola híres könyvtár. . .. Utána . . .ebédelnek egy étteremben, és természetesen megkóstol. . . a híres egri bikavért. Este elmennek egy diszkó. . ., és táncolnak egy kicsit. Vasárnap nem marad. . . a városban, hanem . . .mennek a hegyekbe, és sétálnak az erdőben.

JEGYZETEK

16. LECKE

Jegyeket, bérleteket kérem!

Szombat délután van. Ebéd után Jan Kok, a holland üzletember felmegy a szobájába, és előkészíti a fényképező-gépét. Délután a városba megy magyar ismerősével, Barta Istvánnal és családjával. Jan örül a városnézésnek, mert még egyáltalán nem ismeri Budapestet. Két óra előtt lemegy a szálloda halljába. István pontosan kettőkor lép be a szállodába. Üdvözlik egymást, és elindulnak. István felesége és kislányai a szálloda előtt várják őket.

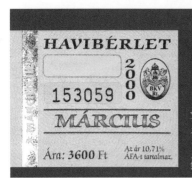

- ❑ Mivel megyünk?
- ● Villamossal és a földalattival. A 49-es vagy 47-es villamossal elmegyünk a Deák térre, és onnan a földalatti egyenesen elvisz minket a Városligetbe.
- ❑ És hogyan lehet Budapesten villamoson utazni?
- ● Bérlettel vagy jeggyel. Nekünk bérletünk van.
- ❑ De nekem nincs jegyem. Hol lehet jegyet venni?
- ● Vehet a trafikokban, a metróállomásokon és máshol is.

- ❑ És a villamoson mit kell csinálni a jeggyel?
- ● Ki kell lyukasztani. A villamosokon, a metrón és az autóbuszokon kis készülékek vannak, azokon kell kezelni a jegyet. Egy jegy hetven forintba kerül… Ott van egy trafik.
- ❑ Hol? Nem látom.
- ● Ott, ahol az a teherautó áll. Látja azt az üzletet? Ott van mellette.

- ❑ Leülünk?
- ● Persze. A végállomásig megyünk.
- ❑ Jó, de először kezelem a jegyemet. Így ni!

- ▶ Jegyeket, bérleteket kérem ellenőrzésre!
- ❑ Tessék!
- ▶ Köszönöm.
- ❑ Mi történik, ha valaki jegy nélkül utazik?
- ● Az ellenőr megbünteti.
- ❑ Mennyi a büntetés?
- ● Ezer forint.

- ▶ Egy ülőhelyet kérek a kismamának!
- ▼ Tessék leülni.
- ❖ Köszönöm szépen.
- ▼ Nincs mit.
- ❑ Mindenki ilyen udvarias Budapesten?
- ● Sajnos nem, de sok fiatal átadja a helyét a kismamáknak, öregeknek, betegeknek.

1.

leül

levelet felad (postaláda)

újságot vesz

❑ Szeretnék telefonálni. Nincs itt valahol egy telefon?
● Ott van egy.
❑ Hol? Nem látom.
● Ott, ahol az a fa áll. Látod azt a piros autót? Ott van mögötte.

iszik valamit

2.

fényképez   (meg)fürdik

❑ Rágyújthatok?
● Sajnálom, kérem, de nem lehet.
❑ Miért?
● Nem látja a táblát? Itt tilos dohányozni.

előz   megfordul

3.

Ön ezt mondja:

3   ír/írok/írni

8   iszik/iszom/inni

Ha a szót nem tudja, visz-szalép hármat. Ha azt sem tudja, még hármat stb.

9   ?

6

Hány dobásra van szüksége a célig?

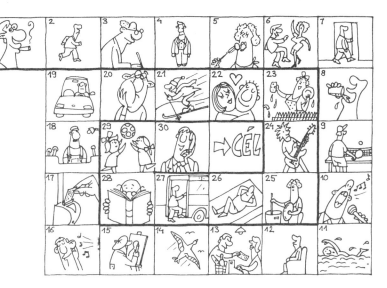

BUDAPEST

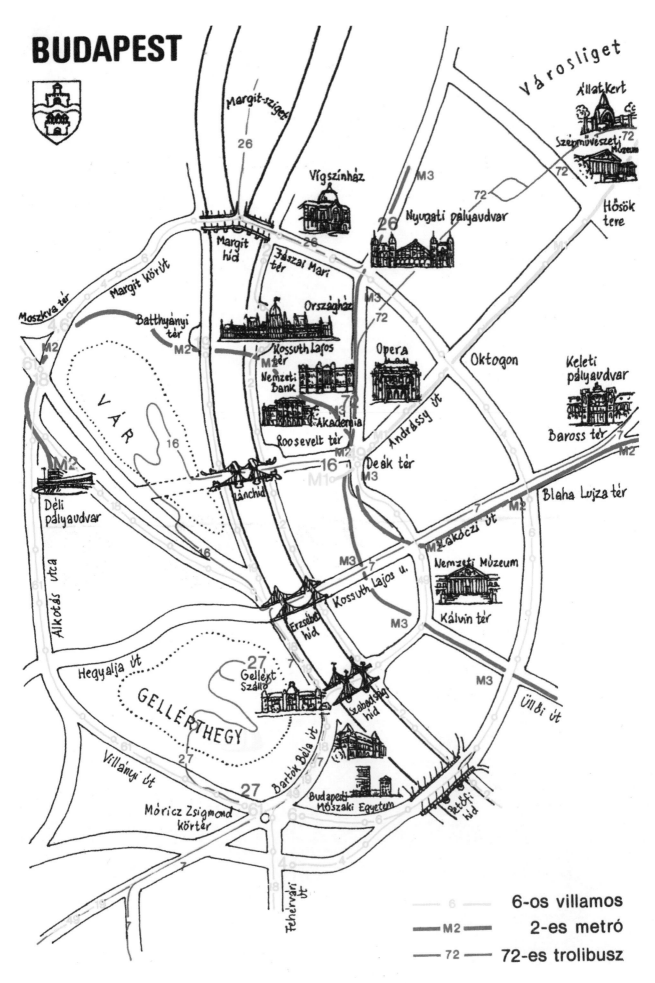

6 — 6-os villamos

M2 — 2-es metró

72 — 72-es trolibusz

118

a)

○ Bocsánat! Hogy jutok el innen a Városligetbe?

❑ A 6-os villamossal elmegy az Oktogonig, ott átszáll a földalattira, és az elviszi a Városligetbe.

○ Köszönöm szépen.

b)

❑ Tudod, hogy kell innen a Déli pályaudvarhoz menni?

○ Azt hiszem, igen. A 49-es villamossal elmegyek a Móricz Zsigmond körtérig, ott átszállok a 61-es villamosra, és az elvisz a Déli pályaudvarhoz.

❑ Igazad van. De mehetsz másik úton is. Itt felszállsz a 18-as villamosra, és az egyenesen elvisz a Délihez.

119

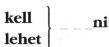

Piros a lámpa.

Most **nem lehet** átmen**ni** a hídon.

Várni **kell.**

Nem szabad átmenni.

Tilos átmenni.

ott, ahol

Hol vannak a poharak?

A fiú **oda** megy, **ahol** a lány áll.

A poharak **ott** vannak, **ahol** az üveg.

A gyerekek **onnan** jönnek,

ahova a fiú megy.

stb.

mellette

Ott áll Kati.

A parton fák állnak.

Mellette Péter áll.

Közöttük egy kis ház van.

≈ alatta / alattuk
előtte / előttük
stb.

SZAVAK

IGÉK
átad
elindul
eljut
előkészít
előz
felad
fényképez
(meg)fürdik
kell
kezel
kilyukaszt
lát
lehet
megbüntet
megfordul
rágyújt
történik

FŐNEVEK
bérlet
büntetés
ellenőr
ellenőrzés
fényképezőgép
földalatti
készülék
kismama
metróállomás
postaláda
rendőr
szerelő
teherautó
újságos
ülőhely
városnézés
végállomás

MELLÉKNEVEK
tilos

EGYÉB SZAVAK
ahol
ahonnan
ahova
egyenesen
egymás
egyáltalán (nem)
máshol
nélkül

KIFEJEZÉSEK
örül vminek
Így ni!
Jegyeket, bérleteket kérem!
Egy ülőhelyet kérek _ _ _nak.
Nincs mit.
Hogy jutok el . . .?
Igazad van.
átadja a helyét vkinek

D

1. Egészítse ki a mondatokat!

kell
lehet
tilos
nem szabad

A villamoson a jegyet kezel. . . __ __ __. A Gellérthegyre nem __ __ __ villamos-
sal __ __ __ (felmegy). Az autóbuszon jeggyel vagy bérlettel __ __ __ __ __ __
(utazik). A metrón __ __ __ __ __ __ (dohányzik). Az egyetemen sokat __ __ __
tanul. . .. A piros lámpánál meg __ __ __ áll. . .. A Balaton-parton jól __ __ __
pihen. . .. Az étteremben vacsora után fizet. . . __ __ __. Budapesten __ __ __
a Dunában __ __ __ (úszik). A pörköltet paprikával __ __ __ készít. . .. A gyógy-
szertárban nem __ __ __ bort __ __ __ (vesz). Ha kevés ember van a boltban, a
pénztárnál nem __ __ __ sokat vár. . .. Az olvasóteremben __ __ __ beszélget. . ..

2. Mondjon és írjon mondatpárokat a képek alapján a példa szerint!

megy/van

jön/megy

Éva odamegy, ahol virágok vannak.
A virágok ott vannak, ahova Éva megy.

siet/áll (rendőr)

szalad/játszik

megy/megy

fut/fekszik

122

3. Egészítse ki a mondatokat a hiányzó névmási alakokkal! (Figyeljen a jelekre!)

a) Látod azt az autót? A sofőr ott áll __ __ __ . __ __ __ egy teherautó áll, __ __ __
(|●) (⊏⊐) (⊏●⊐)

egy taxi.

Ki fekszik __ __ __ ? A szerelő?
(⊏⊐●)

b) Kati a terem közepén ül. __ __ __ Péter ül, __ __ __ János. __ __ __ az egyik oldalon én
(⊏●⊐) (⊏⊐) (|●)

ülök, a másikon Éva.

c) A szoba közepén három fotel áll. __ __ __ egy szép lámpa van, __ __ __ egy szekrény,
(●⊐) (⊏⊐)

__ __ __ pedig egy kis asztal.
(|●|)

4. Egészítse ki a szöveget a hiányzó szavakkal és végződésekkel! Beszéljen és írjon hasonló módon a tömegközlekedésről a felsorolt városok egyikében vagy bármely más nagyvárosban!

Budapest. . . az utcákon mindig sok autó, villamos, autóbusz és troli jár. Az emberek vagy bérlet. . . utaznak, vagy jegy. . . vesznek. A jegyek 70 forint. . . kerülnek. Jegy. . . a trafikokban, az újságosok. . ., a metróállomásokon __ __ __ venni. A jegyet mindig kezelni __ __ __ . __ __ __ valakinek nincs bérlete, és nem kezel. . . a jegyét, az ellenőr . . .büntetheti.

Londonban / Párizsban / Tokióban / New Yorkban / Kairóban stb. ...

JEGYZETEK

17. LECKE

Mit játszanak?

Kati és Laci egyetemi hallgatók. Kati húszéves, Laci huszonkettő. A budapesti tudományegyetemre járnak. Kati a bölcsészkarra, nyelveket tanul; Laci pedig a jogi karra, ügyvédnek készül.

Laci Pesten lakik a szüleivel. Kati szülei vidéken élnek, ő most kollégiumban lakik. Együtt járnak, szeretik egymást. Majdnem mindennap találkoznak az órák után, együtt mennek délután a könyvtárba; de gyakran van esti programjuk is: moziba, színházba járnak, hangversenyre mennek, vagy elmennek táncolni.

Péntek délután van. Vége van Kati utolsó órájának. Laci az egyetem épülete előtt várja.

K.: Jaj de fáradt vagyok!

L.: Iszunk egy kólát. Jó?

K.: Az jó lesz. Hol? A büfében?

L.: Nem. Inkább abban a presszóban.

L.: Mit csinálunk ma este? Mihez van kedved?

K.: Mit szólsz egy jó filmhez?

L.: Mit akarsz megnézni?

K.: Nem is tudom... Talán egy vidám filmet. Mit játszanak a Puskinban?

L.: Egy amerikai krimit. Megnézzük? Biztosan érdekes.

K.: Az lehet. De tudod, hogy én nem szeretem a krimit.

Bartók
XI., Bartók Béla út 64.
Tel.: 466-4022

E.: de. 10, 12, du. 2, 4, 6, 8
Balekok (mb., szín., francia)
du. 4, 6, 8

L.: Várj csak! Van egy Pesti Műsorom, mindjárt megnézzük. Igen... Van egy francia filmvígjáték...

K.: Mi a címe?

L.: Balekok.

K.: Ki a főszereplő?

L.: Pierre Richard.

K.: Akkor ez jó lesz. Hol adják?

L.: A Bartókban.

K.: És hánykor kezdődik az előadás?

L.: Nyolckor. Most megvesszük a jegyeket, azután megvacsorázunk valahol. Van időnk.

L.: Két jegyet kérek 8 órára a földszintre, a nyolcadik-tizedik sorba.

Pénztárosnő: Oda már nincs. De tudok adni a tizenharmadik-tizenötödik sorba vagy az erkélyre.

L.: Akkor inkább a 13. sorba legyen szíves. Középre kérem.

Pénztárosnő: Tessék. Ezer forint.

1.

❑ Jaj de éhes vagyok!
● Gyere! Eszünk valamit a büfében.
❑ Melyikben? Ebben?
● Nem. Inkább abban, ott.

beül

elmegy

iszik

leül

2.

❑ Nem tudod, hol van a szótáram?
● De igen. Ott van az asztalon.
❑ Itt nincs.
● Dehogy nincs! Ott van.
❑ Ezen az asztalon? Hol? Nem látom.
● Persze hogy nem látod. Mert nem azon van,
hanem a másikon, az ablaknál.
❑ Ja, tényleg itt van!

3.

 Hova mész?
● Az étterembe me-
gyek ebédelni.

4.

Bartók
XI., Bartók Béla út 64. Tel.: 466-4022
De. 10, 12, du. 2, 4, 6, 8.

Angyalok városa (mb., szín., amerikai) 10, 12, 2.

Balekok (mb., szín., francia) 4, 6, 8.

Broadway
VII., Károly krt. 3. Tel.: 322-0230
De. 10, 12, du. 2, 4, 6, 8, 10.

Dumbo (mb., szín., amerikai rajzfilm) 10, 12.

Túl a felhőkön (mb., szín., francia) 2, 6.

Az élet szép (mb., szín., olasz) 4, 8, 10.

Corvin Budapest Filmpalota
VIII., Corvin köz. Tel.: 459-5050
De. 10, du. 2, 4, 6, 8, 10.

Alul semmi (mb., szín., amerikai) 10.

Gengszterfilm (szín., magyar) 4, 6, 8.

Sekély sírhant (mb., szín., angol) 18-20-án 6.

Angyalok városa (mb., szín., olasz) este 10, 21-22-én 6.

Duna
XIII., Hollán Ernő u. 7. Tel.: 320-4947
Du. 4, n7, f9.

Gomolygó felhők (szín., finn, feliratos) (2. hétre prol.)

Horizont
VII., Erzsébet krt. 13. Tel.: 322-2499
De. 10, f12, f3, du. 4, 6, 8.

Dumbo (mb., szín., amerikai rajzfilm) de.

Eleven hús (szín., spanyol, feliratos) du.

Puskin
V., Kossuth L. u. 18. Tel.: 429-6080
Du. 3, 5, 7, 9.

Sekély sírhant (mb., szín., angol) 3, 9.

Az élet szép (mb., szín., amerikai) 4, 7.

Toldi Stúdió Mozi
VI., Bajcsy-Zs. út 36-38. Tel.: 311-2809
Du. 4, 6, 8.

A gyűlölet (ff., francia, feliratos)

Vörösmarty
VIII., Üllői út 4. Tel.: 317-4542
Du. 4, 6, 8, 20-21-én éjjel 11

Az élet szép (mb., szín., amerikai)

Alul semmi (amerikai)*. R.: Peter Cattaneo. Fsz.: Robert Carlye, Tom Wilkinson, Mark Addy, Paul Baber, Steve Huison. T.: Hat állástalan munkás vetkőző show-t hoz létre, amely az „alul semmi" nevet kapja.

Angyalok városa (amerikai)*. R.: Brad Silberling. Fsz.: Nicolas Cage, Meg Ryan. T.: Mi történik, ha egy angyal egyszer csak úgy akar élni, mint a mindennapi halandók?

Balekok (francia). R.: Francis Vebes. Fsz.: Pierre Richard, Gerard Depardieu, Anny Duperey. T.: Vígjáték egy asszonyról, aki régi szeretőivel próbálja megkerestetni hazulról elszökött fiát.

Dumbo (amerikai rajzfilm). R.: Ben Sharpsteen. T.: Rajzfilm az elefántbébiről, akit mindneki csak csúfol, hiszen állandóan a füleibe botlik.

Eleven hús (spanyol)***. R.: Pedro Almodóvar. Fsz.: Javier Bardem, Francesca Neri, Liberto Rabal. T.: Victor nem tudja, hogy szerelme, Elena kábítószert fogyaszt. Egyszer azonban, amikor a lánynál van, megérkezik a rendőrség.

Egy fiatal rendőrt, Davidot a gerincén lövés éri. Két évvel később Victor a börtönben értesül a tolószékhez kötött David házasságáról Elenával.

Az élet szép (olasz)**. R.: Roberto Benigni. Fsz.: Roberto Benigni, Giorgi Cantarini. T.: Guido kisfiával együtt náci koncentrációs táborba kerül, és felesége önként követi őket. A gyereknek azt mondja, hogy játék az egész: a rabok a versenyzők, és a győztes igazi harckocsit nyer.

Gengszterfilm (magyar)*. R.: Szomjas György. Fsz.: Mucsi Zoltán, Scherer Péter, Bacskó Tünde, Prókai Annamária. T.: Két magyar gengszter története a kilencvenes évekből.

Gomolygó felhők (finn). R.: Aki Kaurismäki. Fsz.: Kari Väänänen, Kati Outinen, Outi Mäenpää. T.: Ilona, egy étterem pincérnője elveszíti állását. Egyik volt munkatársa rábeszélésére saját éttermet nyit.

A gyűlölet (francia)***. R.: Matthieu Kassovitz. Fsz.: Vincent Cassel, Hubert Kounde, Said Taghmaoui. T.: A film olyan francia tizenévesekről szól, akiket egyetlen dolog foglalkoztat: a társadalom gyűlölete.

Sekély sírhant (angol)**. R.: Danny Boyle. Fsz.: Kerry Fox, Christopher Eccleston, Ewan McGregor. T.: Alex, David és Julie új lakótársa váratlanul meghal. A fiatalok a halott ágya alatt egy bőröndöt találnak tele pénzzel. Feldarabolják a hullát, és megtartják a pénzt.

Túl a felhőkön (francia–olasz–német). R.: Michelangelo Antonioni és Wim Wenders. Fsz.: Sophie Marceau, John Malkovich, Fanny Ardant, Chiara Castelli. T.: A rendező francia és olasz városokban kamerájával belső helyszínek után kutat. Közben négy gyönyörű szerelmi történetet ismer meg.

---

a) ❑ Mit adnak a Bartókban ma délelőtt?
 ○ Egy amerikai filmet.
 ❑ Mi a címe?
 ○ Angyalok városa.
 ❑ Magyarul beszél?
 ○ Igen.
 ❑ Ki a főszereplő?
 ○ Nicolas Cage.
 ❑ Akkor ezt megnézzük.

b) ❑ Tudod, hogy hol adják a Gengszterfilmet?
 ○ A Corvinban.
 ❑ Hánykor kezdődik az előadás?
 ○ Négykor, hatkor és nyolckor.
 ❑ Megnézzük?
 ○ Igen. A hatos előadásra megyünk. Jó?
 ❑ Rendben van.

5.

❑ Két jegyet kérek mostanra.
▼ Hányadik sorba?
❑ A tizenegyedik sor körül.
▼ A tizenharmadikba jó lesz?
❑ Igen.
▼ Tessék. Ezer forint.
❑ Köszönöm.

ebben

Melyik házban laksz?

Ebben .

(**Ebben** a házban lakom.)

≈ Ezekkel a lányokkal beszélek.

○	⟶○	○⟶
ezen	erre	erről
ebben	ebbe	ebből
ennél	ehhez	ettől
azon	arra	arról
abban	abba	abból
annál	ahhoz	attól

≈

evvel/avval ezzel/azzal	ennek/annak

! ezek { -en, -ben, -től, -nél, stb. } azok { -on, -ban, -tól, -nál, stb. }

!! ezekkel   azokkal

-ni megy

Hova mentek?

(Miért mentek a diszkóba?)

Táncolni megyünk.

(Táncolni megyünk a diszkóba.)

≈ jön, fut, siet, szalad, indul, stb. } -ni

SZAVAK

IGÉK
borotválkozik
elbúcsúzik
elmegy
fázik
hazakísér
készül
megvesz

FŐNEVEK
bölcsészkar
eszpresszó
filmvígjáték
főszereplő
hallgató
hangverseny
kar
kollégium
közép
krimi
presszó
sor
tudományegyetem
ügyvéd
vég

MELLÉKNEVEK
egészséges
gazdag
nehéz
öreg
pocsék
szegény
unalmas
utolsó

EGYÉB SZAVAK
ja
mostanra
tényleg
tőle

KIFEJEZÉSEK
Mit játszanak?
egyetemi hallgató
jogi kar
készül vminek
együtt jár vkivel
vége van vminek
Mit szólsz _ _ _hoz?
Várj csak!
Pesti Műsor
Hol adják?
Gyere!
Legyen szíves!
hatos előadás

1. Egészítse ki a mutató névmásokat a megfelelő ragokkal! Figyeljen a tőváltozásra!

ez. . . a városban; ez. . . a téren; az. . . az orvossal; az. . . a házban; ezek. . . az emberekkel; az. . . a moziba; ezek. . . a rokonaimtól; ez. . . a fához; az. . . a hegyre; az. . . a hajón; ez. . . a pályaudvarra; ez. . . a bárba; az. . . az orvoshoz; az. . . a szállodából; ez. . . a pénztárnál; ez. . . az órán; ez. . . az autóba; ez. . . az egyetemre; ez. . . a lánnyal; azok. . . a fiúknak; ez. . . a padra; ez. . . a borból; ez. . . a pincérnek; az. . . az ablakhoz; az. . . az épületnél

2. Keresse meg a melléknevek ellentétes jelentésű párját, majd fejtse meg a kereszt-rejtvényt! (Minden melléknév szerepel egyszer.)

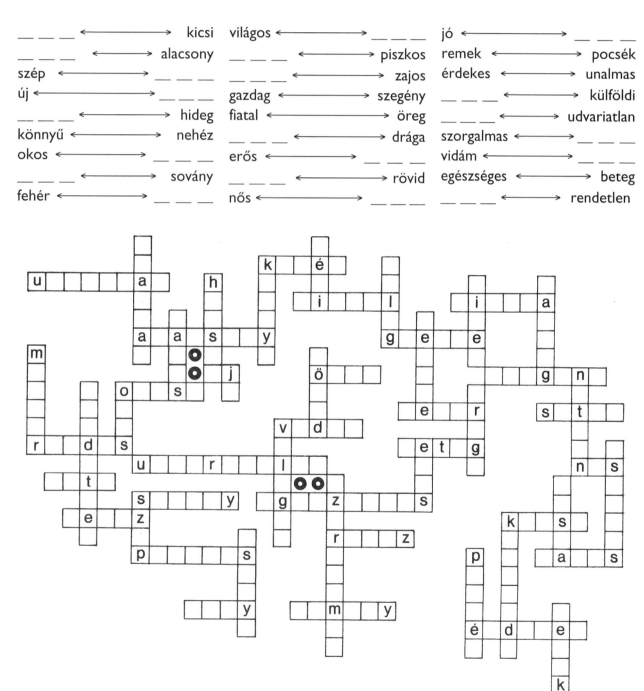

129

3. Egészítse ki a szöveget a hiányzó végződésekkel, majd – ahol lehet, a valóságnak megfelelően módosítva – mondja el első személyben!

Péter nagyon szeret moziba jár. . .. Főleg a vidám filmeket szeret. . .. Kedvenc színész. . . Belmondo. Ez. . . a héten szombat. . . a Bartók mozi. . . megy. Természetesen nem egyedül, hanem a barátnője. . ., Annával. A Bartók. . . egy francia film. . . adnak. A címe magyar. . . Ászok ásza. A film főszereplő. . . Belmodo. Az esti előadásra vesz. . . jegyet. A film 8 óra. . . kezdődik, és kb. 10 órakor fejeződik be. Utána majd . . .ülnek egy eszpresszóba, isz. . . valamit, és beszélget. . .. Azután Péter hazakísér. . . Annát, elbúcsúzik tőle, és ő is . . .megy.

Péter → (Én)

Hogy tetszik az előadás?

Barta István és a felesége nagyon szereti az operát és a balettet. Bérletük van az Operaházba, így rendszeresen járnak oda. Az előadások általában hétköznap vannak, ilyenkor a nagyszülők vigyáznak a gyerekekre. István csak fél hat körül ér haza a munkahelyéről, de ő gyorsan el tud készülni. Éva viszont szeret nyugodtan készülődni. Ő csak kettőig dolgozik, azután fodrászhoz megy. Az Operába illik elegánsan menni.

Ma este két Bartók-darabot adnak: A csodálatos mandarint és A fából faragott királyfit. Bartók Béla zenéjét a világ nagy részén ismerik és játsszák, a ma esti előadásra is sok külföldi vendég jön. Istvánék háromnegyed hétkor lépnek be az Operába. Odamennek a ruhatárhoz, és beteszik a kabátjukat.

❑ Jó estét kívánok! Szabad a jegyeket?

● Tessék.

❑ Tizedik sor, középen. Erre tessék! Látcsövet, műsorfüzetet parancsolnak?

● Egy műsorfüzetet legyen szíves adni!

❑ Tessék. Száz forint.

● Köszönöm.

É.: Hogy tapsol a közönség! És teljesen telt ház van.

I.: Na hallod! Ez a darab igazán csodálatos.

É.: Felmegyünk a büfébe? Éhes vagyok, meg szomjas is.

I.: Persze, mert te mindig órákig öltözöl, és aztán nincs időd enni. Tudod, hogy utálom a tömeget.

É.: De olyan szép ott fent!

I.: Na jó, nem bánom. Menjünk!

S.: Szervusztok! Ti is itt vagytok?

I.: Szervusz, Sanyi! Neked is bérleted van?

S.: Nem, de ha valahol Bartókot adnak, én mindig ott vagyok… Jaj de csinos vagy, Éva! Jól áll neked ez a frizura.

É.: Kösz a bókot. Hogy tetszik az előadás?

S.: Ez a zene fantasztikus, ezt nem lehet elrontani. De a rendezés pocsék.

I.: Pocsék?! Szerintem nagyon is jó. Ötletesek a díszletek, és a táncosok remekül táncolnak. Nincs igazam, Éva?

É.: De igen. Én veled értek egyet… De csengetnek.

I.: További jó szórakozást!

S.: Nektek is.

B

1.

savanyú / édes

tiszta / + szóda

- ❏ Te hogy szereted a gyü-mölcslevest? Hidegen vagy melegen?
- ● Hidegen. Te is?
- ❏ Természetesen én is./ Nem. Én inkább mele-gen.

keserű / édes

túrós csusza
sós / édes

2.

megmutat

- ❏ Kérhetek öntől egy szívességet?
- ● Tessék!
- ❏ Legyen szíves kinyit-ni az ablakot!
- ● Azonnal kinyitom.

feltesz

bemutat

3.

Magyar Állami Operaház
Szerdán, 31-én

BEETHOVEN:
Fidelio
Opera két felvonásban, négy képben

R.: Békés András.
Fernando – Bende Zsolt; Pi-zarro – Gurbán János; Flores-tan – Hormai József; Leonóra (Fidelio) – Sudlik Mária.

Radnóti Színház
Csütörtökön, 1-jén,
este 7-kor,
vége kb. 1/2 10-kor

BERNARD SHAW:
Pygmalion
Vígjáték két részben

R.: Babarczy László.
Higginsné – Gordon Zsuzsa; Henry Higgins – Bálint And-rás; Doolittle – Inke László mv.; Lizi – Kerekes Éva; Pickering – Kiss Jenő.

Rock Színház
Vasárnap, 4-én,
este 7-kor,
vége kb. 1/2 10-kor

ANDREW LLOYD
WEBBER – TIM RICE:
Evita
Rockopera két részben

R.: Korcsmáros György.
Evita – Malek Andrea mv.; Che – Bognár Zsolt; Peron – Balogh Bodor Attila.

Nemzeti Színház
Hétfőn, 5-én,
este 7-kor,
vége kb. 1/2 10-kor
VÖRÖSMARTY MIHÁLY:
Csongor és Tünde
Színjáték két részben

R.: Csiszár Imre.
Csongor – Mihályi Győző; Tünde – Ráckevei Anna; Balga – Cseke Péter; Ilma – Bánsági Ildikó; Mirigy – Tímár Éva; Kur-rah – Nemcsák Károly.

- O Mész valahova ezen a héten?
- ❏ Igen. Csütörtökön színházba megyek.
- O Mit nézel meg?
- ❏ A Pygmaliont a Radnóti Szín-házban.
- O Ki rendezi?
- ❏ Babarczy László. És a főszere-peket Bálint András és Kere-kes Éva játsszák.
- O Jó szórakozást!

Budapesti Operett Színház
Szombaton, 3-án,
este 7-kor,
vége kb. 10-kor

LEHÁR FERENC:
A mosoly országa
Operett két részben

R.: Seregi László.
Szu-Csong – Sipeki Tibor; Mi – Szilágyi Olga.

4.

❑ Jaj de csinos vagy! Jól áll neked ez a ruha! Szép a színe és elegáns a szabása.

● Köszönöm a bókot./Örülök, hogy tetszik.

5.

❑ Szereted az operettet?
● Utálom.
❑ És az operát?
● Azt nagyon szeretem. Különösen a Verdi-operákat.

imádom > nagyon szeretem > eléggé szeretem > nem nagyon szeretem > egyáltalán nem szeretem > utálom

6.

❑ Hogy tetszik az előadás?
● Nagyon tetszik.
❑ Mi a véleménye a színészekről?
● Általában nagyon jól játszanak. De a női főszereplő szerintem nem jó.
❑ Ebben nem értek egyet önnel./ Nekem más a véleményem.

rendezés
díszletek
zenekar
táncosok
énekesek
színészek
színésznők
férfi/női főszereplő

7.

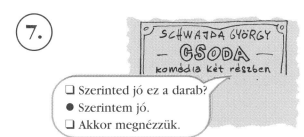

❑ Szerinted jó ez a darab?
● Szerintem jó.
❑ Akkor megnézzük.

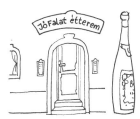

8.

❑ Nem veszed le a kabátodat? Nincs meleged?
● De igen. Mindjárt leveszem.

eszik/éhes
iszik/szomjas
leül/fáradt
lefekszik/álmos
felvesz/fázik

Hogyan?

-n
-an
-en
......
-l
-ul
-ül

A betörő gyorsan fut.　Gábor betegen fekszik.　Kati hidegen issza a kólát.

| olcsón |
| gyorsan |
| hidegen |

! fiatalon
gazdagon
szabadon

! hosszú → hosszan
lassú → lassan
könnyű → könnyen
nehéz → nehezen

! jól
rosszul
kényelm*etlen*ül

remekül
pocsékul
udvari*atlan*ul

| Légy
Legyen } szíves ＿ ＿ ＿ni! |

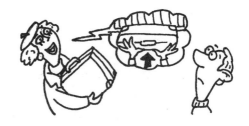

(te)　**Légy szíves** feltenni a táskámat!
(ön)　**Legyen szíves** feltenni a táskámat!

SZAVAK

IGÉK
bead
bemutat
egyetért
elalszik
elkészül
elront
feltesz
felvesz
hall
hazaér
idead
illik
imád
készülődik
lefekszik
meghallgat
megmutat
odaér
öltözik
öltözködik
rendez
tapsol
utál
vigyáz

FŐNEVEK
betörő
bók
darab
fodrász
főszerep
frizura
közönség
látcső
mama
műsorfüzet
opera
operaház
operett
szabás
szívesség
tömeg
világ
zeneszerző

MELLÉKNEVEK
álmos
csodálatos
elegáns
fantasztikus
gyors
lassú
nyugodt
ötletes
rendszeres
telt
további
világhírű

EGYÉB SZAVAK
aztán
eléggé
ilyenkor
körül
meg
olyan
teljesen
végre
viszont

KIFEJEZÉSEK
Hogy tetszik?
fél hat körül
Szabad a jegyeket?
telt ház van
Na hallod!
Na jó.
Nem bánom.
Menjünk!
jól áll vkinek vmi
Kösz!
További jó szórakozást!
főszerepet játszik
egyetért vkivel vmiben
az egész világon
beadja a kabátját a ruhatárba
a lámpa elalszik
csend van
felmegy a függöny

D

1. Egészítse ki a mellékneveket a megfelelő ragokkal!

-n
-an
-on
-en
-l
-ul
-ül

szép. . .; csúnya. . .; okos. . .; buta. . .; jó. . .; rossz. . .; tiszta. . .; piszkos. . .; fehér. . .; fekete. . .; sós. . .; édes. . .; keserű. . .; savanyú. . .; hideg. . .; meleg. . .; beteg. . .; egészséges. . .; kényelmes. . .; kényelmetlen. . .; udvarias. . .; udvariatlan. . .; remek. . .; pocsék. . .; nyugodt. . .; éhes. . .; szomjas. . .; fáradt. . .; álmos. . .; érdekes. . .; unalmas. . .; könnyű. . .; elegáns. . .; sötét. . .; világos. . .; vidám. . .; szomorú. . .; gyors. . .; lassú. . .; fiatal. . .; szabad. . .

2. Egészítse ki a mondatsorokat úgy, hogy a megadott melléknevek, illetve határozóragos alakjuk egyszer-egyszer szerepeljen!

remek	_Pocsék_ idő van: hideg van, és esik az eső. Igazán __ __ __ ez a halászlé; Éva _remekül_ főz.
pocsék	Feri __ __ __ beszél angolul.
csúnya	Ez a város nagyon __ __ __ . Ez a gyerek __ __ __ olvas, de __ __ __ ír.
szép	Ezt a képet nem veszem meg, nagyon __ __ __ .
jó	Sajnos én __ __ __ úszom. Nagyon __ __ __ étvágyam van; sokat eszem.
rossz	Te __ __ __ vezetsz? Ezzel a tollal nem tudok írni; nagyon __ __ __ .
meleg	Elég __ __ __ a leves? A sör csak __ __ __ jó. Nem szeretem a __ __ __ teát.
hideg	A pörköltet __ __ __ esszük.

3. Egészítse ki a szöveget a megadott igék megfelelő alakjával! Minden elem szerepeljen egyszer, de csak egyszer!

akar, kezd, szeret, tud; kell, lehet, illik; megy, eljön; légy szíves

Szabó Gábor és Anna, a felesége ma este nem maradnak otthon. Az Operába __ __ __ megnézni egy balettet. Anna mamája __ __ __ hozzájuk vigyázni a gyerekekre, mert nem __ __ __ egyedül hagyni őket. Gábor nem __ __ __ a városban vezetni, de ma autón mennek, mert így előadás után gyorsan haza __ __ __ érni. Fél hétkor indulnak. Az Erzsébet híd után azonban nem __ __ __ továbbmenni, az utcán három sorban állnak az autók. Várni __ __ __ . Gábor órája már háromnegyed hetet mutat. Anna nyugodtan ül mellette, de ő __ __ __ nagyon ideges lenni; az Operába __ __ __ pontosan érkezni. Befordul egy kis utcába, az autót ott hagyják, és gyalog mennek tovább. – __ __ __ __ __ __ sietni! – mondja Gábor. – Ha a Vörösmarty téren felszállunk a földalattira, hét előtt odaérhetünk.

4. Egészítse ki a szöveget a hiányzó végződésekkel, illetve a megadott igék megfelelő alakjával!

Bartók Béla világhírű magyar zeneszerző. Az egész világon ismer. . . és __ __ __ (játszik) a zenéjét. Az Operaház műsor. . . ma este két Bartók-darab van. Bartáék. . . bérlet. . . van az Operába. Éva szeret csinos. . . és elegáns. . . __ __ __ (megy) az előadásra. Hosszú idő. . . öltözködik, készülődik. A mamája már délután . . .érkezik hozzájuk, ő vigyáz a gyerekek. . .. István és Éva fél 7-. . . indul. Kocsi. . . mennek, így gyors. . . odaérnek. Belépnek az Operába, . . .mennek a ruhatár. . ., bead. . . a kabát . . .. Azután leülnek a hely. . .. Ma este telt ház van, egyetlen hely sem marad üres. . .. __ __ __ (elalszik) a lámpák, csend van. A közönség tapsol. . . kezd. Végre . . .megy a függöny, kezdődik az előadás.

5. Írja be a számoknak megfelelő szavakat a „keresztrejtvénybe"! Ha helyesen oldja meg a feladatot, a függőleges első sorban megkapja egy híres magyar művész nevét.

1. a „magyar tenger"
2. a férj vagy a feleség anyja
3. nagyon jó
4. nővér, húg, báty, öcs
5. 60 perc
6. nem magyar
7. krumpli más néven
8. __ __ __ ↔ keserű
9. az ebédet általában ezzel kezdjük
10. __ __ __ ↔ kap

JEGYZETEK

19. LECKE

Volt ott valamilyen tábla...

- ❑ Mit óhajt?
- ● Ellopták az autómat.
- ❑ Mikor?
- ● Tegnap éjjel.
- ❑ Hánykor?
- ● Nem tudom. Aludtam a szállodában.

- ❑ Hol hagyta a kocsiját?
- ● A szálloda közelében az utcán. Tegnap későn érkeztem a városba. A kocsit az utcán hagytam, és bementem a szállodába. Fáradt voltam, lefeküdtem, és reggelig aludtam. Reggel azután hiába kerestem a kocsit, nem találtam. Pedig a táskám is benne volt.

- ❑ Milyen márkájú kocsija van?
- ● Ford.
- ❑ Milyen színű?
- ● Világoszöld.
- ❑ Mi a rendszáma?
- ● ABC 434.
- ❑ Kis türelmet kérek, mindjárt megnézem.

- ❑ Uram, jó hírem van. Nem lopták el a kocsiját.
- ● Dehogynem lopták el!
- ❑ Ön téved. Nem lopták el. A rendőrség vitte el.
- ● A rendőrség? Hova és miért?

- ❑ Rossz helyen hagyta az autóját. Ott tilos parkolni. Nem látta a táblát?
- ● A táblát? Ja igen. Volt ott valamilyen tábla, de nem figyeltem rá, és máshol nem találtam a közelben szabad helyet.

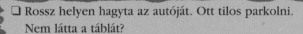 

- ❑ Sajnálom, uram, de a közlekedési szabályok mindenkire érvényesek. Most kifizeti a büntetést és a szállítási költséget, és azután visszakapja az autóját... És uram!
- ● Igen?
- ❑ Legyen szíves tanulmányozni ezt a könyvet!

1.

- ❏ Mit csináltál tegnap este?
- ● Moziban voltam a barátnőmmel.
- ❏ Mit láttatok?
- ● Egy új angol filmet.
- ❏ Tetszett?
- ● Igen, nagyon jó volt.

2.

esik az eső / fúj a szél
sakkozik / tévét néz / olvas

süt a nap
kirándul / biciklizik / teniszezik

kártyázik / evez / kirándul

- ❏ Hol nyaraltak az idén?
- ● Bulgáriában voltunk a tengerparton.
- ❏ Jól érezték magukat?
- ● Igen. Szerencsénk volt: végig jó idő volt, sütött a nap. Sokat úsztunk, napoztunk.

napozik / szörfözik

3.

Opera:
Bizet: CARMEN

lemez (meghallgat valamit)

- ❏ Olvastad ezt a könyvet? Nagyon jó.
- ● Igen, olvastam. De nekem nem nagyon tetszett.

Bartók mozi:
BALEKOK

Francia film

szám (hall valamit)

4.

rúzs, púder, parfüm
fésű, személyi igazolvány

fényképezőgép, jogosítvány

papírzsebkendő, alma,
szótár

TALÁLT TÁRGYAK

❑ Nem találtak a buszban egy táskát?
● Hányas buszon veszítette el?
❑ A hetesen.
● Mikor?
❑ Kedd délelőtt.
● Hánykor?
❑ Tíz körül.
● Egy pillanat, mindjárt megnézem… Milyen színű volt a táskája?
❑ Barna.
● Mi volt benne?
❑ Egy kék golyóstoll, egy ceruza és a nyelvkönyvem. Ja, igen… benne volt az útlevelem és a pénzem is.
● Tessék. Itt van a táskája. Remélem, minden megvan. De máskor tessék jobban vigyázni!
❑ Köszönöm. Viszontlátásra!

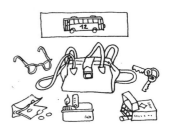

cigaretta, öngyújtó
pénztárca, apró(pénz)

fésű, olló, tükör, töltőtoll

zsebszámológép, gyufa,
cigaretta

5.

 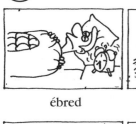   

| ébred | felkel | lép | kinyit | kinéz |

| süt | felmegy | készít | találkozik | sétál |

| beszélget | bemegy | eszik, iszik | felszáll | lejön |

NYELVTAN

Most   **Tegnap**

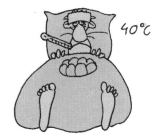

Beteg vagyok.

Ágyban vagyok.

Lázam van.

Fekszem.

Egészséges **voltam**.

A klubban **voltam**.

Jó kedvem **volt**.

Táncol**tam**.

I.

én	olvas**tam**	olvas**tam**	néz**tem**	néz**tem**	főz**tem**	főz**tem**
te	olvas**tál**	olvas**tad**	néz**tél**	néz**ted**	főz**tél**	főz**ted**
ő	olvas**ott**	olvas**ta**	néz**ett**	néz**te**	főz**ött**	főz**te**
mi	olvas**tunk**	olvas**tuk**	néz**tünk**	néz**tük**	főz**tünk**	főz**tük**
ti	olvas**tatok**	olvas**tátok**	néz**tetek**	néz**tétek**	főz**tetek**	főz**tétek**
ők	olvas**tak**	olvas**ták**	néz**tek**	néz**ték**	főz**tek**	főz**ték**

II. -l, -r, -n, -ny, -j, -ly; szal*ad*, ébr*ed* stb.
(tanul, kér, pihen, köszön stb.)

-t

III. *-ít* (tanít, készít stb.)   **-ott**
-rt, -szt, -tsz stb. (ért, tetszik stb.)   **-ett**
fut, nyit, süt stb.   **-ött**

! mond, küld; lát ⟶ I.   ! jön ⟶ jött(...)
   áll, száll ⟶ II.   megy ⟶ ment(...)

! tesz, vesz, visz, hisz ⟶ tett(...) stb.   alszik ⟶ aludt(...)
   eszik, iszik ⟶ ett..., itt...   fekszik ⟶ feküdt(...)
                (‼ ő evett, ivott)

SZAVAK

IGÉK
ébred
ellop
elszalad
eltűnik
elveszít
felkap
figyel
kifizet
kinéz
lép
megvan
nyaral
óhajt
parkol
remél
sajnál
tanulmányoz
téved
visszakap

FŐNEVEK
est
hír
kocsi
költség
magnó
márka
nyelvkönyv
osztály
papírosztály
rendszám
szabály
szállítás
szerencse
tárgy
tengerpart
türelem
útlevél

MELLÉKNEVEK
érvényes
közlekedési
nemzetközi
talált

EGYÉB SZAVAK
amikor
benne
dehogynem
hiába
hirtelen
(az) idén
későn
máskor
rá
tegnap
végig

KIFEJEZÉSEK
Mit óhajt?
Milyen márkájú?
Milyen színű?
Kis türelmet kérek.
a közelében
Ja, igen.
a közelben
közlekedési szabály
szállítási költség
szerencséje van
Sajnálom, de...
jó idő van
fúj a szél
talált tárgyak
Remélem, ...
személyi igazolvány
műszaki osztály
egy pillanat alatt

1. Egészítse ki a kifejezéseket a megfelelő ragokkal! Figyeljen a tárgyas és alanyi ragozás használatára!

én
> könyvet olvas. . . ; telefonál. . . Katinak; otthon marad. . . ; húst süt. . .; étteremben __ __ __ (vacsorázik); hazakísér. . . a lányokat; felszáll. . . a villamosra; levest készít. . .; kinyit. . . az ablakot; bemegy. . . a bárba; vesz. . . egy könyvet

te
> pihenni akar. . .; külföldön él. . .; elolvas. . . a levelet; megnéz. . . ezt a filmet; sok gyümölcsöt __ __ __ (eszik); a boltba fut. . .; felvesz. . . a kabátodat; beszélget. . . a vendégekkel; minden szót ért. . .; segít. . . nekünk; elkészít. . . a vacsorát; asztalt foglal. . .; velünk __ __ __ (jön); levelet ír. . .; __ __ __ (hazaérkezik); gyorsan __ __ __ (megvacsorázik)

ő
> megmutat. . . a várost; száz forintot fizet. . .; csak salátát kér. . .; otthon __ __ __ (reggelizik); gyorsan __ __ __ (felöltözik); felszáll. . . a villamosra; levesz. . . a kabátját; jól főz. . .; nem ért. . . a nevemet; azt mond. . ., hogy; elolvas. . . ezt a könyvet; lát. . . a filmet; mindig ráér. . .; levest főz. . .; nyolc órát __ __ __ (alszik); étteremben __ __ __ (vacsorázik); levelet hoz. . .; nekem nem __ __ __ (tetszik); bemutat. . . a barátnőjét; rosszul __ __ __ (működik); mindenki eljön. . .; bort __ __ __ (iszik); szorgalmasan __ __ __ (dolgozik)

mi
> belép. . . a szobába; sült húst rendel. . .; megvesz. . . a jegyeket; szeret. . . a francia ételeket; meghív. . . titeket vacsorára; odaad. . . a könyveket Péternek; újságokat hoz. . . külföldről; csomagot küld. . . a gyerekeknek; haza fut. . .; elkészít. . . a kávét

ti
> mindenkinek segít. . .; behoz. . . a székeket; kinyit. . . a füzetet; húst süt. . .; őket keres. . .; elvisz. . . a könyveket; a klubban táncol. . .; a rendőrségre szalad. . .; sokat __ __ __ (eszik); felmegy. . . a hegyre; jól __ __ __ (dolgozik); sört __ __ __ (iszik); ezt kér. . .

ők
> korán indul. . .; letesz. . . a táskákat; hazafut. . .; nem __ __ __ (fázik); már __ __ __ (lefekszik); külföldről jön. . .; nem talál. . . szabad asztalt; megvesz. . . ezt az autót; nem ismer. . . őket; mindent jól tud. . .; itt tölt. . . az estét; kinyit. . . az ajtót

2. Egészítse ki a szöveget az a) képsorozat alapján! Írja le (és/vagy mondja el) hasonló módon a b) és a c) képsorozat történetét! Adjon címet nekik!

a) Ellopták az útlevelemet

Tegnap délután kb. négy óra. . . bementem a Szuper Áruház. . .. Először vettem egy pár cipő. . ., azután felmentem a műszaki osztály. . ., és megnéz. . . a rádiókat és a magnókat. Végül vettem egy toll. . . a papírosztályon. Amikor a pénztárnál fizet. . ., a pénz. . . együtt az útlevelemet is kivettem a táskám. . ., és letettem. Egy fiatal nő áll. . . mögöttem. Alacsony __ __ __ és sovány. Barna kabát volt rajta, és szemüveg. . . volt. Hirtelen felkapta az útlevél. . ., és elszalad. . . vele. Egy pillanat alatt eltűnt a tömeg. . ..

b)

....
....
....
....
....
....
....
....
....

c)

....
....
....
....
....
....
....
....
....

JEGYZETEK

20. LECKE

Ez valóban meglepetés volt!

Paul Braun kíváncsian várta az estét. Kovács Péter meglepetést ígért neki… Amikor vacsora után lement vele a szálloda halljába, egy csinos, barna hajú nő várta őket. A nő egyenesen Paul szemébe nézett, és kedvesen mosolygott rá. Paul az első pillanatban nem értette a dolgot, de hamarosan minden kiderült. A nőt Vásári Júliának hívták; sok-sok évvel ezelőtt ismerték meg egymást. Még középiskolás korukban töltöttek együtt két nyarat egy kis faluban, Pécs környékén. Júliának a nagyszülei, Paulnak távoli rokonai éltek ott. Azután még egy ideig leveleztek, de többet nem találkoztak. Ezen az estén elmentek egy bárba, és sokáig beszélgettek közös emlékeikről, az életükről.

P.: Ez valóban meglepetés volt! Méghozzá kellemes… Azonnal megismertelek.

J.: Na, ez nem látszott rajtad… Hát te is megváltoztál egy kicsit.

P.: Bizony, húsz évvel ezelőtt láttalak utoljára.

J.: Emlékszel még a falunkra? Milyen vidám nyarakat töltöttünk együtt! Mennyit úsztunk, kirándultunk!

P.: És te szorgalmasan tanítottad nekem a növények nevét. Én pedig németül tanítottalak… Tudod, hogy feleségül akartalak venni?

J.: Nahát! Ezt sohasem mondtad… És mi történt veled azóta?

P.: Semmi érdekes… Miután elvégeztem a középiskolát, Hamburgba mentem egyetemre. Német irodalmat hallgattam. Újságíró lettem, közben fordítottam is. Tizenkét évvel ezelőtt megnősültem, van egy lányom és egy fiam. Berlinben élünk. Most egy nagy irodalmi lapnál dolgozom, és elég gyakran jövök Budapestre… Érdekes, hogy eddig sohasem találkoztunk!

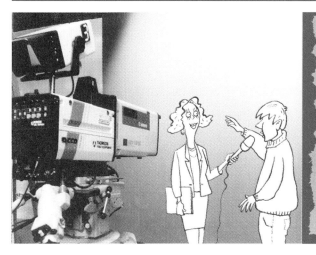

J.: Tudod, csak tavaly jöttünk fel Pestre. Addig Pécsen éltem. Ott jártam főiskolára, történelem és német szakot végeztem. Utána néhány évig tanítottam, azután riporter lettem. Szeretem ezt a munkát: érdekes emberekkel találkozom. És sokat utazom. Persze ennek a férjem nem örül.

P.: Mikor mentél férjhez?

J.: Még főiskolás koromban. Van egy kilencéves fiam… Úgy örülök, hogy látlak! Most majd gyakran eljössz hozzánk, és megismered a családomat. Jó?

P.: Örömmel. Felhívhatlak már holnap?

3. Egészítse ki a táblázatot a hiányzó adatokkal a lecke szövege (A) alapján! Beszéljen/Írjon Paul Braun és Vásári Júlia életéről a rendelkezésére álló információk felhasználásával!

	Paul Braun	Vásári Júlia
Mikor és hol született?	1964. Köln	
Iskolák		általános iskola ⎫ Pécs középiskola ⎬ (1979–1983) ⎭ 1983–87:
Munka	újságíró, fordít Berlin: irodalmi lap (szerkesztő)	
Család		1986: férjhez megy 1991: fia születik

Paul Braun 1964-ben született Kölnben. Ott járt általános és középiskolába, azután . . . .
Vásári Júlia 1965-ben született Pécsen. . . . .

4.

☐ Margit, te mit csináltál az érettségi után?

● Elmentem dolgozni. Egy évig dolgoztam egy orvosi rendelőben, és közben tanultam. A következő évben felvettek az orvosi egyetemre. Most negyedéves vagyok.

Jeney András:
1995-98: egy vállalatnál dolgozik, közben gitározik
1998: a zenekar egy fél évig külföldön játszik

Kulcsár Erzsébet:
1995-96: egy hivatalban dolgozik
1997: Párizs – gyerekekre vigyáz

Szalai Zsolt:
1995-97: gyárban dolgozik
1997: felveszik a műszaki egyetemre – gépész-mérnök akar lenni

5. **Hogyan ment Zsolt tegnap színházba?**

bemegy   megfürdik énekel   megborot-válkozik   megfésül-ködik   felöltözik hallgat   felvesz

lekapcsol   kilép   becsuk   megérkezik   megvesz   kijön

vár, olvas   megérkezik   bemegy   betesz   leül   elkezdődik

147

≈ elkísér*het***lek** ⎫
! tan*ít***alak** ⎪
   ér*t***elek** ⎬ (téged) / titeket
   vár*t***alak** ⎪
   keres*t***elek** ⎭

-lak
-lek

Szeret**lek** .

(= Én szeretlek téged .)

≈ Vár**lak** titeket.

Mikor?

___ ___ __**val ezelőtt**

(A vonat 7 órakor indult. Most 7 óra 10 perc van.)

A vonat 10 perc**cel ezelőtt** indult.

amikor

Amikor középiskolába járt, Júliának hosszú haja volt.

miután
mielőtt
miközben

Mielőtt megborotválkoztam , megfürödtem.

Miután megfürödtem , megborotválkoztam.

Miközben fürödtem , énekeltem.

lett

Géza szorgalmasan tanult az egyetemen, és jó mérnök **lett** .

SZAVAK

IGÉK
becsuk
elvégez
emlékszik
felébred
feljön
fordít
hív
ígér
kiderül
látszik
lekapcsol
lett
levelez
(meg)fésülködik
megismer
megnősül
megtalál
megváltozik
mosolyog
végez

FŐNEVEK
élet
emlék
építészmérnök
érettségi
év
irodalom
középiskolás
növény
nyár
szak
történelem
zenekar

MELLÉKNEVEK
dunántúli
irodalmi
kíváncsi
közös
negyedéves
távoli

EGYÉB SZAVAK
addig
azóta
bizony
eddig
hamarosan
hát
közben
méghozzá
na
nahát
rajtad
sokáig
tavaly
többet
úgy
utoljára
valóban

KIFEJEZÉSEK
barna hajú
(egyenesen) a szemébe néz
az első pillanatban
nem érti a dolgot
__ __ __nak hívnak vkit
főiskolás/középiskolás korában
egy ideig
nem ... többet
feleségül vesz vkit
irodalmat hallgat
(az egyetemen)... szakot végez
örül annak, hogy...
férjhez megy
Úgy örülök, hogy...
vkit felvesznek az egyetemre
orvosi egyetem
egy szót sem szólt vmiről vkinek

D 1. Egészítse ki a mondatokat a hiányzó ragokkal, majd tegye át őket múlt időbe!

-lak
-lek

a) 5-kor vár. . . titeket. Holnap felhív. . .. Jól ismer. . . titeket. Téged választ. . ..
Németül tanít. . . titeket. Meghív. . . a névnapomra. Vasárnap meglátogat. . . titeket.
Bevisz. . . az igazgatóhoz. Hazakísér. . . titeket. Hallgat. . .. Kér. . .. Titeket keres. . ..

b) 5-kor vár*talak* titeket. . ..

2. Egészítse ki a kifejezéseket a hiányzó ragokkal! Figyeljen az alanyi és tárgyas ragozás helyes használatára!

én { vár. . . Katit; ismer. . . (téged); keres. . . egy tollat; meghallgat. . . egy lemezt; elkísér. . . titeket; mindent tud. . .; tanul. . . a magyar nyelvet; megvesz. . . a jegyeket; külföldre küld. . . ezt a levelet; levesz. . . a kabátomat; üdvözöl. . . titeket; lát. . . a lányokat; becsuk. . . a könyvet; a konyhában főz. . . az ebédet; kinyit. . . az ablakot; a szobába vezet. . . (téged); megnéz. . . egy új filmet; ezt nem hisz. . .; téged keres. . .; elvisz. . . a gyerekeket; nem hagy. . . (téged) egyedül; nem ért. . . önöket

3. Egészítse ki a mondatsorokat a megfelelő ragokkal!

én { Pétert jól ismer. . .. Elvisz. . . a klubba, és bemutat. . . a lányoknak.
Téged jól ismer. . .. Elvisz. . . a klubba, és bemutat. . . a lányoknak.
Hol voltál tegnap? Hiába vár. . .. A szobában is keres. . ., de nem talál. . ..
Te is jössz? Ha akarod, megvár. . .. Elvisz. . . kocsin, vagy elkísér. . . gyalog. (-hat, -het)

4. Egészítse ki a mondatokat a hiányzó névutóval és a megfelelő ragokkal!

-val
-vel } **ezelőtt**

Az előadás 5 perc. . . __ __ __ kezdődött. Két év. . . __ __ __ fejeztem be a középiskolát. Három hónap. . . __ __ __ láttuk egymást utoljára. Egy hét. . . __ __ __ kaptam ezt a levelet. Fél óra. . . __ __ __ ment el a vonatunk. A vendégek három nap. . . __ __ __ megérkeztek. Fél év. . . __ __ __ jöttünk haza külföldről.

5. Egészítse ki a szöveget a hiányzó ragokkal, névutókkal, illetve a megadott igék megfelelő alakjával!

Paul húsz év. . . __ __ __ lát. . . utoljára Júliát. Kovács Péter __ __ __ (elvisz) Júliát a szállodába, __ __ __ Paul lakik. Ezt a meglepetést készít. . . Paul. . .. Az első pillanat. . . Paul nem ismer. . . meg Júliát. __ __ __ minden kiderült, __ __ __ (elmegy) együtt egy bárba, és órák. . . beszélget. . .. Szívesen emlékez. . . a régi nyarak. . ., __ __ __ ott nyaral. . . együtt egy dunántúli kis faluban. Júlia akkor nagyon tetsz. . . Paul. . .. Feleségül akar. . . venni, de persze erről egy szót sem szól. . . neki.

6. Keresse meg az igék (ellentétes jelentésű) párját, majd fejtse meg a keresztrejtvényt! (Minden ige szerepel egyszer.)

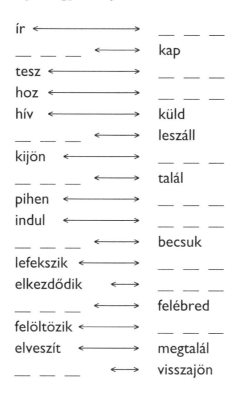

ír ⟷ __ __ __

__ __ __ ⟷ kap

tesz ⟷ __ __ __

hoz ⟷ __ __ __

hív ⟷ küld

__ __ __ ⟷ leszáll

kijön ⟷ __ __ __

__ __ __ ⟷ talál

pihen ⟷ __ __ __

indul ⟷ __ __ __

__ __ __ ⟷ becsuk

lefekszik ⟷ __ __ __

elkezdődik ⟷ __ __ __

__ __ __ ⟷ felébred

felöltözik ⟷ __ __ __

elveszít ⟷ megtalál

__ __ __ ⟷ visszajön

Nyelvtani táblázatok

I. Főnevek és melléknevek

1. Többes szám

Főnév

a á o ó u ú		
autók	-k	
táblák	-'k	
leckék		
ablakok	-ok	
ágyak	-ak	
székek	-ek	
gyümölcsök	-ök	

házak
várak
falak
fogak
tollak
utak
stb.
alkalmak
poharak
stb.

Melléknév

a á o ó u ú		
jók	-k	
barnák	-'k	
feketék		
nagyok	-ok	
magasak	-ak	
szépek	-ek	
görögök	-ök	

osztrákok
angolok
magyarok
stb.
fiatalok
vastagok
stb.
barátságtalanok
stb.

törökök
hősök
stb.

férfi ⟶ férfiak
madár ⟶ madarak
levél ⟶ levelek
híd ⟶ hidak
szobor ⟶ szobrok
szó ⟶ szavak
ló ⟶ lovak
stb.

hosszú ⟶ hosszúak
könnyű ⟶ könnyűek
régi ⟶ régiek
budapesti ⟶ budapestiek
európai ⟶ európaiak
különböző ⟶ különbözőek
jóízű ⟶ jóízűek
stb.

2. Tárgy

Főnév

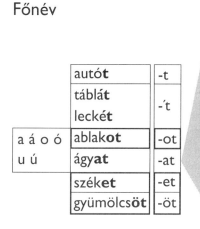

a á o ó u ú		
autót	-t	
táblát	-'t	
leckét		
ablakot	-ot	
ágyat	-at	
széket	-et	
gyümölcsöt	-öt	

házat
várat
falat
fogat
tollat
utat
stb.
alkalmat
poharat
stb.

Melléknév

a á o ó u ú		
jót	-t	
barnát	-'t	
feketét		
nagyot	-ot	
magasat	-at	
szépet	-et	
görögöt	-öt	

osztrákot
vastagot
stb.

törököt

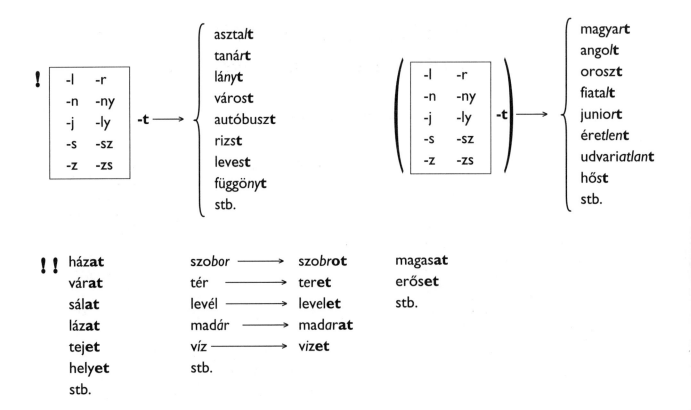

!

| asztal**t** |
| tanár**t** |
| lány**t** |
| város**t** |
| autóbusz**t** |
| rizs**t** |
| leves**t** |
| függöny**t** |
| stb. |

-l	-r
-n	-ny
-j	-ly
-s	-sz
-z	-zs

-t ⟶

| magyar**t** |
| angol**t** |
| orosz**t** |
| fiatal**t** |
| junior**t** |
| éretlen**t** |
| udvariatlan**t** |
| hős**t** |
| stb. |

! !

ház**at**	szobor ⟶ szobr**ot**	magas**at**
vár**at**	tér ⟶ ter**et**	erős**et**
sál**at**	levél ⟶ level**et**	stb.
láz**at**	madár ⟶ madar**at**	
tej**et**	víz ⟶ viz**et**	
hely**et**	stb.	
stb.		

!

Miket?	Milyeneket?	Hányat?	Melyiket?
autók**at** táblák**at** ablakok**at** ágyak**at** } -at	jók**at** barnák**at** nagyok**at** magasak**at** } -at	hat**ot** négy**et** nyolc**at** öt**öt** stb.	egyik**et** másik**at** mindegyik**et** hatos**at** ötös**et** ötödik**et** hatodik**at** stb.
leckék**et** székek**et** gyümölcsök**et** } -et	szépek**et** görögök**et** } -et		

3. Birtokos személyragok

Egy birtok

1	(-o, -a, -e, -ö)-**m**
2	(-o, -a, -e, -ö)-**d**
3	**-(j)a, -(j)e**
1 1	(-u, -ü)-**nk**
2 2	(-o, -a)-**tok**, (-e)-**tek**, (-ö)-**tök**
3 3	**-(j)uk, -(j)ük**

| autó**m** |
| táblá**m** |
| lecké**m** |
| ablak**om** |
| ágy**am** |
| szék**em** |
| gyümölcs**öm** |

autó**m**	kifli**m**	cipő**m**	ablak**om**	ágy**am**	szék**em**	gyümölcs**öm**
autó**d**	kifli**d**	cipő**d**	ablak**od**	ágy**ad**	szék**ed**	gyümölcs**öd**
autó**ja**	kifli**je**	cipő**je**	ablak**a**	ágy**a**	szék**e**	gyümölcs**e**
autó**nk**	kifli**nk**	cipő**nk**	ablak**unk**	ágy**unk**	szék**ünk**	gyümölcs**ünk**
autó**tok**	kifli**tek**	cipő**tök**	ablak**otok**	ágy**atok**	szék**etek**	gyümölcs**ötök**
autó**juk**	kifli**jük**	cipő**jük**	ablak**uk**	ágy**uk**	szék**ük**	gyümölcs**ük**

!

fa	*út*	pohár	*szobor*	*ló*
fám	*utam*	poh*a*ram	szobrom	*lovam*
leckém	h*i*dam	kan*a*lam	ter*m*em	t*a*vam
ap*á*m	v*i*zem	levelem	alka*l*mam	sz*a*vam
stb.	stb.	stb.	stb.	stb.

	ajtó	idő
3	ajt*a*ja	ideje
3 3	ajt*a*juk	idejük

≈ erdő, tető stb.

	csomag	kert
3	csomag**ja**	kert**je**
3 3	csomag**juk**	kert**jük**

≈ bank, diák, darab, étlap, forint, gomb, híd, kalap, lift, nap, pad, park, part, program, stadion, szak, szint, telefon, újság, vám, vitamin stb.

	ap*a*	any*a*
3	apja	anyja
3 3	apjuk	anyjuk

	öcs	(nagy)báty	nagynéni	*fiú*
	öcsém	(nagy)bátyám	nagynéném	f*i*am
	stb.	stb.	stb.	stb.
3	öccse	(nagy)bátyja	nagynénje	
3 3	öccsük	(nagy)bátyjuk	nagynénjük	

Több birtok

1	ablak**aim**	szék**eim**
2	ablak**aid**	szék**eid**
3	ablak**ai**	szék**ei**
1 1	ablak**aink**	szék**eink**
2 2	ablak**aitok**	szék**eitek**
3 3	ablak**aik**	szék**eik**

! szülő → szüleim stb.
barát → (barátja) → barátaim stb.
stb.

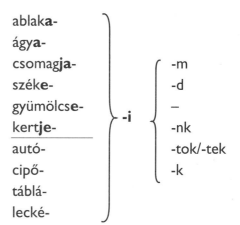

ablaka-
ágya-
csomagja-
széke-
gyümölcse-
kertje-
autó-
cipő-
táblá-
lecké-

-i

-m
-d
–
-nk
-tok/-tek
-k

II. Igék

1. Jelen idő

ad szed lök		Alanyi ragozás			Tárgyas ragozás		
	1	-ok	-ek	-ök	-om	-em	-öm
	2	-sz			-od	-ed	-öd
	3	–			-ja	-i	
	1 1	-unk	-ünk		-juk	-jük	
	2 2	-tok	-tek	-tök	-játok	-itek	
	3 3	-nak	-nek		-ják	-ik	
					-lak	-lek	

(én) { adok / szedek / lökök } valamit

(te) adod a pénzt
(mi) szedjük a gyümölcsöt
(én) (meg)löklek (téged)
stb.

!
ír — írok, írom, írunk stb.
hív — hívok, hívom, hívunk stb.
nyit — nyitok, nyitom stb.
stb.

-ik	1	-om	-em	-öm
	3	-ik		

(én) lakom; (ő) lakik
(én) reggelizem; (ő) reggelizik
(én) felöltözöm; (ő) felöltözik
stb.

-s -sz -z -dz	2	-ol	-el	-öl
	3			
	1 1			
	2 2			
	3 3			

-s + -j- → -ss-
-sz + -j- → -ssz-
-z + -j- → -zz-
-dz + -j- → -ddz-

(te) olvasol, emlékszel,
    edzel, főzöl stb.
(ő) olvassa a könyvet
(mi) nézzük a filmet
(ők) itt játsszák ezt a filmet
stb.

-ít -nd -rt -lt stb.	2	-asz	-esz	
	2 2	-otok	-etek	-ötök
	3 3	-anak	-enek	
		-alak	-elek	

(te) tanítasz, segítesz, értesz
(ti) tanítotok, értetek, töltötök
(ők) mondanak, kezdenek, értenek
(én) tanítalak, értelek (téged)
stb.

!
mosolyog
érez
végez
stb.

mosolyg- { -ok / -unk }   érz- végz- } { -ek / -el / -ünk } { -em / -ed / -i / -itek / -ik }

Rendhagyó igék

1	vagyok	megyek	jövök	növök
2	vagy	mész	jössz	nősz
3	van	megy	jön	nő
1 1	vagyunk	megyünk	jövünk	növünk
2 2	vagytok	mentek	jöttök	nőtök
3 3	vannak	mennek	jönnek	nőnek

≈ lő

2. Múlt idő

			Alanyi ragozás		Tárgyas ragozás	
	1		-am	-em	-am	-em
ad	2	-ott	-ál	-él	-ad	-ed
szed	3	-ett	–	–	-a	-e
	1 1	-ött	-unk	-ünk	-uk	-ük
lök	2 2		-atok	-etek	-átok	-étek
	3 3		-ak	-ek	-ák	-ék
					-alak	-elek

ad, szed, lök -t-

(én) ⎰ adtam
⎨ szedtem ⎬ valamit
⎱ löktem

(te) adtad a pénzt

(ő) ⎰ adott
⎨ szedett ⎬ valamit
⎱ lökött

(én) (meg)löktelek (téged)
stb.

≈ olvas, lát, néz, dolgozik stb.

!	-l, -r, -j, -ly, -n, -ny ⎫ Alanyi rag. 3: -t kétszótagos -ad, -ed ⎭	tanult, írt, kívánt, fújt maradt, haladt, ébredt

	-ít (-űt) 1 ⎫
	              2 ⎪
	 egyszótagos -t 3 ⎬ ⎰ -ott
	            1 1 ⎨ -ett
	 mássalhangzó + -t 2 2 ⎱ -ött
	 (-rt, -nt, -lt, -st stb.) 3 3 ⎭
	 két mássalhangzó
		tanítottam, tanítottál stb.
		 értettem, értetted, értette stb.
		 futottam, futottál, futott stb.
		 töltöttem, töltöttél, töltött stb.
		 játszottam, ugrottál stb.

!!

áll ——————→	álltam, álltál, állt stb.
hall ——————→	hallottam, hallottál, hallott stb.
mond ——————→	mondtam, mondtál, mondott stb.
kezd ——————→	kezdtem, kezdtél, kezdett stb.
nő ——————→	nőttem, nőttél, nőtt stb. ≈ lő
tesz ——————→	tettem, tettél, tett stb. ≈ vesz, visz, hisz
eszik ——————→	ettem, ettél, evett, ettünk stb.
iszik ——————→	ittam, ittál, ivott, ittunk stb.
jön ——————→	jöttem, jöttél, jött stb.
megy ——————→	mentem, mentél, ment stb.
van ——————→	voltam, voltál, volt stb. (lettem, lettél, lett stb.)
mosolyog ——————→	3 mosolygott
érez ——————→	3 érzett
végez ——————→	3 végzett
stb.	

alszik ——→	(aludni) ——→	aludtam, aludtál, aludt stb.
fekszik ——→	(feküdni) ——→	feküdtem, feküdtél, feküdt stb.
mosakszik ——→	(mosakodni) ——→	mosakodtam, mosakodtál, mosakodott stb.
emlékszik ——→	(emlékezni) ——→	emlékeztem, emlékeztél, emlékezett stb.

III. A határozott tárgy fő esetei

Határozott tárgy

Évát	**Budapestet**
a lányt	**a** várost
a/egy barát**om**at	a/egy könyv**em**et
őt	**ezt, azt**
őket	**ezek**et, **azok**at
önt, önöket	
magunkat	
egymást	
Mely**ik**et? Hányad**ik**at? _ _ _**ik**at/**ik**et	

Tárgyas ragozás

lát**juk**

IV. A helyhatározóragok rendszere

Hova?		Hol?		Honnan?	
-ba -be	→⊡	-ban -ben	⊡	-ból -ből	⊡→
-ra -re	→▲	-n -on -en -ön	▲	-ról -ről	▲→
-hoz -hez -höz	→ •∣	-nál -nél	∣•	-tól -től	∣•→

V. Határozatlan és általános névmások
és határozószók

1. Névmások

Ki?	Mi?	Milyen?	Melyik?
valaki	valami	valamilyen	valamelyik
mindenki	minden	mindenféle	mindegyik
senki	semmi	semmilyen	semelyik

2. Határozószók

Hova?	Hol?	Honnan?	Mikor?
valahova	valahol	valahonnan	valamikor
mindenhova	mindenhol	mindenhonnan	mindig
sehova	sehol	sehonnan	soha

Szavak

i = ige; f = főnév; m = melléknév; e = egyéb szó;
vt = valakit/valamit; vre = valakire/valamire stb.

a e	1	
ablak f	2	
ad vt vkinek i	11	
addig e	20	
ágy (-ak) f	2	
ahol e	16	
ahonnan e	16	
ahova e	16	
ajánl vt i	14	
akar vt i	9	
akkor e	7	
alacsony m	1	
alatt e	2	
alig e	15	
alkohol (-ja) f	14	
áll i	2	
állat f	12	
állatkert (-je) f	15	
alma f	11	
álmos m	18	
alszik (aludni) i	10	
általában e	14	
általános m	12	
amerikai m	1	
amikor e	20	
angol m	1	
anya (anyja) f	9	
anyós f	12	
apa (apja) f	10	
ápolónő f	11	
após f	12	
apró(pénz) f	19	
arab (ok) m	2	
arc f	9	
áruház (-ak) f	4	
ásványvíz (-vizet) f	13	
asztal f	2	
átad vt vkinek i	16	
atlétika f	12	
átmegy (-menni) i	7	
átszáll i	8	
autó f	1	
autóbusz f	2	
az e	1	
azért e	9	
azonban e	12	
azonnal e	13	
azóta e	20	
aztán e	18	

azután e	7
bábszínház (-ak) f	18
baj f	9
bajusz f	10
baleset f	18
balett (-je) f	18
balra e	6
bank (-ja) f	2
bár (-ja) f	2
barát (-ja) f	9
barátnő f	9
barna m	4
báty (bátyám, bátyja) f	12
bead vt i	18
becsuk vt i	20
befejeződik i	8
befordul i	9
belép i	15
belváros f	7
bélyeg f	3
bemegy (-menni) i	7
bemutat vt i	18
bemutatkozik i	18
benne e	19
bent e	2
bérel vt i	5
bérlet f	16
beszél i	2
beszélget i	5
beteg m	9
betesz vt i	15
betörő f	18
bevesz vt i	10
bicikli f	9
biciklizik i	19
bizony e	20
biztosan e	15
blúz f	4
bók (-ja) f	18
boldogság f	11
bolgár (-ok) m	1
bolt (-ja) f	4
bor f	11
borotválkozik i	17
boríték f	3
borjúszelet f	14
borravaló f	14
bölcsészkar f	18
bőrönd (-je) f	9

burgonya f	14	ecet (-je) f	14
busz f	2	**eddig** e	20
buszjegy f	10	**édes** m	11
buszmegálló f	2	**egész** m	12
buta m	12	**egészséges** m	18
büfé f	3	egy e	1
büntetés f	16	egyáltalán (nem) e	16
ceruza f	5	**egyedül** e	13
cica f	11	egyenesen e	16
cigaretta f	3	**egyetem** f	2
cím f	3	egyetért i	18
cipő f	4	egyetlen e	11
cirkusz f	15	**egyik** e	9
citromos m	14	**egymás** e	16
csak e	2	**együtt** e	5
család (-ja) f	10	**éhes** m	7
csend (-je) f	11	éjfélkor e	8
csendes m	5	**éjjel** e	8
csinál vt i	5	éjjeliszekrény f	6
csinos m	10	**éjszaka** e, f	8
csípős m	14	**él** i	12
csirke f	13	**eladó** f	11
csodálatos m	18	elalszik (-aludni) i	18
csokoládé f	11	elbúcsúzik i	17
csomag (-ja) f	11	**elé** e	14
csöng i	11	**elég** e	1
csúnya m	1	elegáns m	18
csusza f	14	eléggé e	18
csütörtök f	10	**élet** f	20
darab (-ja) f	11	**elindul** i	16
de e	1	**eljön** i	10
dehogy e	8	eljut i	16
dehogynem e	19	elkészül i	18
deka f	11	ellenőr f	16
délben e	8	ellenőrzés f	16
délelőtt (-je) e, f	8	ellop vt i	19
délután (-ja) e, f	8	**elmegy (-menni)** i	17
desszert (-je) f	14	**előadás** f	8
diák (-ja) f	1	előétel f	14
diszkó f	9	előkészít vt i	16
díszlet f	18	előszoba f	6
divatos m	4	**először** e	8
doboz f	3	**előtt** e	2
dohányzik (-ozni) i	7	előz vt i	16
doktor f	7	elront vt i	18
dolgozik i	6	**első** e	3
dolgozószoba f	6	elsősorban e	12
dolog (dolgok) f	8	elszalad i	19
dóm (-ja) f	15	eltűnik i	19
drága m	1	elvált m	12
dunántúli m	20	**elvégez** vt i	20
ebéd (-je) f	8	elveszít vt i	19
ebédel i	6	**elvisz** vt i	15
ebédlő f	6	**ember** f	7
ébred i	19	**emelet** f	3

emlék f	20	
emlékszik (emlékezni) i	20	
én e	1	
énekes f	18	
engem e	15	
építészmérnök f	20	
éppen e	15	
épület f	2	
érdekel i	15	
érdekes m	7	
erdő (erdeje) f	15	
érettségi f	20	
érez vt (érzek) i	15	
erkély f	5	
érkezik i	7	
ernyő f	22	
erőleves f	14	
erős m	12	
erre e	11	
ért vt i	12	
érvényes m	19	
és e	1	
esernyő f	22	
esik i	10	
eső f	10	
est (-je) f	19	
este e, f	7	
esti m	8	
északi m	15	
eszik (enni) i	8	
eszpresszó f	17	
étel f	13	
étkező f	5	
étlap (-ja) f	13	
étterem (-termek) f	2	
étvágy f	9	
év f	20	
éves m	3	
evez i	19	
evőeszköz f	6	
ez e	1	
ezelőtt e	20	
ezer (ezret) e	3	
ezért e	8	
fa f	2	
fagylalt (-ja) f	14	
fáj i	9	
fájdalomcsillapító f	10	
fal (-ak) f	3	
fantasztikus m	18	
fáradt m	14	
fázik i	17	
fehér m	4	
fehérbor f	11	
fej (-et) f	9	

fekete m	4	
fekszik (feküdni) i	9	
fél (felet) e	5	
felad vt i	16	
feláll i	7	
felébred i	20	
felel vt i	14	
feleség f	11	
félfogadás f	10	
felhív vt (-ok) i	13	
feljön i	20	
felkap vt i	19	
felkel i	9	
felmegy (-menni) i	7	
felnőtt (-je) f	14	
felöltözik i	10	
felszáll i	7	
félszoba f	5	
feltesz vt i	18	
felül i	15	
felvesz vt i	18	
fent e	2	
fénykép f	12	
fényképez i	16	
fényképezőgép f	16	
férfi (-ak) f	10	
férj f	11	
festészet f	15	
festő f	15	
fésű f	19	
fiatal (-ok) m	12	
figyel i	19	
film f	15	
filmvígjáték f	17	
finom m	11	
fiók (-ja) f	6	
fiú (fiam) f	6	
fizet i	3	
fodrász f	18	
fog (-ak) f	9	
fogas f	6	
foglal vt i	13	
foglalkozás f	3	
fogorvos f	7	
fok f	10	
folyó f	2	
fontos m	8	
fordít vt i	20	
forgalom (forgalmat) f	9	
forint (-ja) f	3	
fotel (-je/-ja) f	6	
főiskola f	15	
föld (-ek, -je) f	3	
földalatti f	16	
földszint (-je) f	3	

főleg	e	13	hall (-ja)	f	15
fölött	**e**	**2**	**hall vt**	**i**	**18**
főszerep	f	18	**hallgat vt**	**i**	**5**
főszereplő	f	17	**hallgató**	**f**	**17**
főváros	**f**	**12**	hamarosan	e	20
fővárosi	m	12	**hanem**	**e**	**13**
főz vt	**i**	**5**	hangverseny	f	17
főzelék	f	14	**hány?**	**e**	**3**
francia	**m**	**1**	**hányadik?**	**e**	**3**
franciasaláta	f	14	**hányas?**	**e**	**3**
frissensült (-ek, -je)	f	14	**harmadik**	**e**	**3**
frizura	f	18	**harminc**	**e**	**3**
fúj	i	19	**három**	**e**	**3**
futballista	f	12	**háromnegyed**	**e**	**7**
futballozik	i	9	háromszor	e	14
függöny	**f**	**6**	**has (-at)**	**f**	**9**
fül (-ek)	**f**	**9**	**hat**	**e**	**3**
fürdik	**i**	**16**	**hát (-at)**	**f**	**9**
fürdő	**f**	**15**	hát	e	20
fürdőkád (-ja)	f	6	havonta	e	5
fürdőszoba	**f**	**1**	**ház (-ak)**	**f**	**1**
füzet	**f**	**3**	hazaér	i	18
garázs	**f**	**5**	hazaérkezik	i	8
gáz	f	5	hazakísér vt	i	17
gazdag	**m**	**17**	**hazamegy (-menni)**	**i**	**8**
gazdálkodó	f	11	háziasszony	f	11
gazdaság	f	11	**hegy**	**f**	**4**
gáztűzhely	f	6	**hely**	**f**	**12**
gép	**f**	**12**	**hét (hetet)**	**e**	**3**
gépel	i	5	**hét (hetek)**	**f**	**12**
gitározik	i	9	**hétfő**	**f**	**10**
golyóstoll (-ak)	f	19	hétköznap (-ja)	e	15
gondol vt/vre	**i**	**14**	hétvége	f	15
gondolat	f	5	**hetven**	**e**	**3**
görög (-ök)	f	6	hiába	e	19
gyakorlat	**f**	**15**	**híd (hidak, hídja)**	**f**	**1**
gyakran	**e**	**12**	**hideg**	**m**	**5**
gyalog	**e**	**8**	**hír**	**f**	**19**
gyár (-ak)	**f**	**8**	**híres**	**m**	**15**
gyenge	**m**	**12**	hirtelen	e	19
gyerek	**f**	**7**	**hív vt (-ok)**	**i**	**20**
gyógyszer	**f**	**10**	**hogy?**	**e**	**8**
gyógyszertár (-ak)	**f**	**10**	**hogy**	**e**	**9**
gyomor (gyomrok)	**f**	**9**	**hogyan?**	**e**	**18**
gyors	**m**	**18**	**hol?**	**e**	**2**
gyufa	**f**	**3**	holland (-ok)	m	15
gyümölcs	**f**	**3**	**holnap**	**e**	**9**
ha	**e**	**15**	**hónap (-ja)**	**f**	**11**
hagy vt	i	13	**honnan?**	**e**	**6**
haj (-at)	**f**	**9**	**hosszú**	**m**	**10**
hajó	**f**	**8**	**hova?**	**e**	**4**
hal (-ak)	**f**	**13**	**hoz vt**	**i**	**13**
halad	i	15	**hozzá**	**e**	**11**
halászlé	f	13	húg	f	10
hálószoba	f	5	hullámvasút (-utak, -ja)	f	15

hús f	11	
húsz e	3	
hűtőszekrény f	6	
ide e	4	
idead vt i	18	
idén e	19	
idő (ideje) f	11	
időnként e	10	
igaz m	12	
igazán e	11	
igazgató f	7	
igazolvány f	19	
igen e	1	
igenis e	14	
ígér vt i	20	
így e	13	
illik i	18	
ilyen e	8	
ilyenkor e	18	
imád vt i	18	
indul i	17	
ing f	4	
injekció f	10	
inkább e	5	
innen e	6	
ír vt (-ok) i	5	
íróasztal f	7	
iroda f	3	
irodalmi m	20	
irodalom (-lmat) f	20	
is e	2	
iskola f	12	
ismer vt i	13	
ismerős f	15	
iszik vt (-om, inni) i	8	
ital f	13	
itt e	2	
itthon e	5	
ízlik i	14	
ja e	17	
jár i	6	
játszik i	12	
jég (jeget) f	14	
jegy f	10	
jó m	1	
jobban e	13	
jobbra e	16	
jobbulás f	9	
jól e	2	
jön i	6	
kabát (-ja) f	4	
kakaó f	11	
kalap (-ja) f	4	
kamra f	6	
kanál (kanalak) f	6	

kanapé f	6	
kap vt i	10	
káposzta f	13	
kar I (-ja) f	9	
kar II f	17	
kár f	9	
kártyázik i	19	
kávé f	3	
kedd f	10	
kedv f	10	
kedvenc m	11	
kedves m	11	
kék m	4	
kell i	16	
kellemes m	5	
kényelmes m	1	
kényelmetlen m	1	
kenyér (kenyerek) f	11	
kép f	2	
képeslap (-ja) f	3	
kér vt i	3	
kérdez vt i	14	
kerek m	10	
keres vt i	4	
keresztnév (-nevek) f	3	
kert (-je) f	5	
kertészkedik i	9	
kerül vmennyibe/vhova i	4	
kerület f	3	
kés f	6	
keserű m	13	
későn e	19	
készétel f	14	
készít vt i	7	
készül i	17	
készülék f	16	
készülődik i	18	
kettő/két e	3	
kéz (kezek) f	7	
kezd vt i	11	
kezdődik i	8	
kezel vt i	16	
ki? e	1	
kiadó f	8	
kiállítás f	15	
kiderül i	20	
kifizet vt i	19	
kifli f	11	
kijön i	8	
kilátás f	5	
kilenc e	3	
kilép i	7	
kiló f	11	
kilométer f	15	
kilyukaszt vt i	16	

164

kinéz i	19
kint e	2
kinyit vt (-ok) i	13
királyi m	15
kirándul i	9
kismama f	16
kíváncsi m	20
klub (-ja) f	3
kocsi f	19
kóla f	3
kolbász f	11
kollégium f	17
komfort (-ja) f	5
komoly m	12
konyak (-ja) f	13
konyha f	5
konyhaszekrény f	5
kor f	3
korán e	9
korcsolyázik i	9
kórház (-ak) f	11
kosztüm (-je) f	18
köhög i	9
költség f	19
könnyű m	4
könnyűzene f	18
könyök f	9
könyv (-ek) f	3
könyvtár (-ak) f	3
könyvtáros f	15
köret f	13
környék f	5
körül e	18
körülbelül e	10
körülnéz i	14
köt vt i	10
kövér m	10
következik i	10
következő m	9
közben e	20
közel e	5
közép (közepe) f	17
középiskola f	11
középiskolás f	20
közgazdász f	15
közlekedés f	5
közlekedési m	19
közönség f	18
közös m	20
között e	2
központ (-ja) f	12
krémes f	13
krimi f	17
krumpli f	13
kulcs f	1

kutya f	11
küld vt i	8
külföld (-et) f	8
külföldi m	6
különösen e	14
láb (-ak) f	9
labda f	10
labdázik i	10
laboratórium f	3
lakás f	5
lakik i	5
lámpa f	2
lap (-ja) f	12
lapkiadó f	11
lassú m	18
lát vt i	16
látcső (-csövek) f	18
látszik i	20
láz (-at) f	10
lázcsillapító f	10
lecke f	15
lefekszik (-feküdni) i	18
legalább e	12
lehet (←van) i	16
lejön i	8
lekapcsol vt i	20
lemez f	8
lengyel m	1
lent e	2
lép i	19
lépcső f	2
leszáll i	7
letesz vt i	15
lett (←van) i	20
leül i	7
levegő f	5
levél (levelek) f	7
levelez i	20
leves f	13
levesz vt i	15
levetkőzik i	10
libegő f	8
lift (-je) f	2
liszt (-je) f	11
lusta m	12
ma e	2
maga e	15
magas m	1
magnó f	19
magyar (-ok) f	1
magyaróra f	3
mai m	13
máj (-at) f	14
májgaluska f	14
május f	21

mama f	18	
már e	7	
marha f	13	
máris e	11	
márka f	19	
más e	13	
máshol e	16	
másik e	3	
máskor e	19	
második e	3	
meddig? e	10	
medve f	15	
meg e	18	
még e	3	
megáll i	15	
megálló f	4	
megbüntet vt i	16	
megérkezik i	15	
megfelel i	13	
megfésülködik i	20	
megfordul i	16	
megfürdik (-fürödni) i	16	
meghallgat vt i	18	
meghív vt (-ok) i	13	
meghívás f	13	
méghozzá e	20	
megismer vt i	20	
megkeres vt i	15	
megkóstol vt i	15	
meglátogat vt i	15	
megmutat vt i	18	
megnéz vt i	15	
megnősül i	20	
megtalál vt i	20	
megvacsorázik i	15	
megváltozik i	20	
megvan i	19	
megvesz vt i	17	
meleg m	5	
mell f	9	
mellett e	2	
melyik? e	7	
mentő f	7	
menza f	6	
meny f	12	
menyasszony f	13	
mennyi? e	3	
mérnök f	1	
mert e	9	
messze e	5	
metró f	5	
metróállomás f	16	
mettől? e	10	
mi? e	1	
miatt e	19	

mielőtt e	20	
miért? e	9	
mikor? e	8	
miközben e	20	
millió e	5	
milyen? e	1	
minden e	7	
mindenhol e	12	
mindenki e	8	
mindennap e	8	
mindig e	8	
mindjárt e	15	
miniszter f	7	
minisztérium f	12	
minket e	15	
miután e	20	
modern (-ek) m	5	
mond vt i	10	
mos vt i	5	
mosdó f	6	
mosogat i	5	
mosogató f	6	
mosógép f	6	
mosolyog (-lygok) i	20	
most e	5	
mostanra e	17	
motorkerékpár (-ja) f	11	
mozi f	4	
mögött e	2	
munka f	11	
munkahely f	3	
munkás f	11	
mutat vt i	8	
múzeum f	1	
működik i	7	
műsor f	18	
műsorfüzet f	18	
műszaki m	3	
na e	20	
nadrág (-ja) f	4	
nagy (-ok) m	1	
nagyanya (-anyja) f	12	
nagyapa (-apja) f	12	
nagybáty (-bátyám, -bátyja) f	12	
nagymama f	15	
nagynéni (-néném, -nénje) f	12	
nagyon e	1	
nagyszülő (-szüleim) f	12	
nahát! e	20	
nála e	12	
nap (-ja) f	8	
napközben e	15	
napozik i	19	
nappali f	6	
narancslé f	11	

náthás m	9	
négy e	3	
negyed e	7	
negyedéves m	20	
negyven e	3	
négyzetméter f	5	
néha e	12	
néhány e	8	
nehéz (nehezek) m	17	
neki e	8	
nélkül e	16	
nem e	1	
német m	1	
nemzetiség f	3	
nemzetközi m	19	
népszerű m	13	
név (nevek) f	3	
névnap (-ja) f	11	
néz vt i	5	
nincs i	5	
nő f	10	
nőismerős f	7	
nős m	12	
nőtlen m	12	
nővér f	12	
nyak (-ak) f	9	
nyár (nyarak) f	20	
nyaral i	19	
nyári m	4	
nyelv f	1	
nyelvkönyv (-ek) f	19	
nyílik (-nak) i	6	
nyit vt (-ok) i	9	
nyolc e	3	
nyolcvan e	3	
nyugalom (nyugalmat) f	11	
nyugodt m	18	
nyugdíjas f	12	
oda e	4	
odaér i	18	
odamegy (-menni) i	8	
óhajt vt i	19	
okos m	12	
olaj (-at) f	11	
olcsó m	1	
oldal (-ak) f	4	
olló f	19	
olvas vt i	3	
olvasóterem (-termek) f	15	
olyan e	18	
opera f	18	
operaház (-ak) f	18	
operett (-je) f	18	
óra f	7	
óriáskerék (-kerekek) f	15	

oroszlán (-ja) f	15	
orr f	9	
orvos f	1	
osztály f	19	
ott e	2	
otthon e	6	
ő e	1	
öcs (öcsém, öccse) f	10	
öltözik i	18	
öltözködik i	18	
ön e	1	
öngyújtó f	19	
öreg m	17	
öregasszony f	10	
örül i	2	
összesen e	10	
összkomfort (-ja) f	5	
öt e	3	
ötletes m	18	
ötven e	3	
özvegy m	12	
pad (-ja) f	8	
palacsinta f	14	
palota f	15	
pálya f	9	
pályaudvar f	2	
panasz f	10	
pantomim (-ja) f	18	
papír (-ja) f	19	
papírosztály f	19	
papírzsebkendő f	19	
paprika f	14	
pár (-ja) f	8	
paradicsom f	13	
parfüm (-je) f	19	
parancsol vt i	3	
park (-ja) f	6	
parkoló f	2	
part (-ja) f	15	
pedig e	4	
péntek f	10	
pénz f	10	
pénztár (-ak) f	3	
pénztárca f	19	
perc f	7	
persze e	8	
pihen i	2	
pihenés f	11	
pillanat f	7	
pincér f	2	
pingpongozik i	9	
piros m	4	
piszkos m	1	
pocsék m	17	
pogácsa f	3	

pohár (poharak) f	6	sajnos e	2
polc f	6	sajt (-ja) f	11
pontos m	8	sajtos m	11
pontosság f	8	sakk (-ja) f	10
portás f	2	sakkozik i	10
posta f	2	saláta f	13
postaláda f	16	sárga m	4
postás f	7	sarok (sarkok) f	6
pörkölt (-je) f	13	savanyú m	13
presszó f	17	sehol e	14
program (-ja) f	7	sehonnan e	14
púder f	19	sehova e	14
pulóver (-ek) f	4	sem e	10
rádió f	6	semmi e	14
rá e	19	semmilyen e	14
ráér vmire i	11	senki e	14
rágyújt i	16	sertés f	13
rajta e	20	sétál i	2
rajzol vt i	9	síel i	9
rántott m	13	siet i	2
recept (-je) f	10	síléc f	9
régi m	1	sincs e	10
reggel e, f	8	só f	14
reggeli f	14	sofőr (-ök, -je) f	1
reggelizik i	6	sógor f	12
remek m	8	sógornő f	12
remél vt i	19	soha(sem) e	12
rend (-je) f	3	sok e	6
rendel vt i	10	sokáig e	20
rendelés f	9	sokat e	15
rendelő f	3	sonka f	11
rendez vt i	18	sonkás m	11
rendezés f	18	sor f	17
rendszeres m	18	sós m	11
rendőr f	16	sovány m	10
rendőrség f	7	sör f	11
rendszám f	19	sötét m	1
rengeteg e	11	spanyol (-ok) m	2
repül i	11	sportoló f	12
repülőtér (-terek) f	2	sportriporter (-ek) f	12
rész f	15	stadion (-ja) f	15
rétes f	13	stúdió f	3
riporter (-ek) f	12	süt vt i	14
ritkán e	12	sütemény f	10
rizs f	14	szabad (-ok) m	8
rokon f	12	szabás f	18
róla e	12	száj (-ak) f	9
rossz m	1	szak (-ja) f	20
rosszul e	9	szakáll (-ak) f	10
rövid m	10	szalámi f	11
ruha f	4	szállítás f	19
ruhatár (-ak) f	15	szálloda f	1
rúzs f	19	szalonna f	11
saját e	12	szám f	14
sajnál vt i	19	számla f	14

száraz m	14	táncos f	18
száz e	3	**tanít vt** i	7
szédül i	9	**tanul vt** i	2
szegény m	17	tanulmányoz vt i	19
szék f	3	**tányér (-ja)** f	6
székesegyház (-ak) f	15	tapsol i	18
szekrény f	1	**tárgy (-ak)** f	19
szél (szelek) f	19	tárgyal i	11
szelet f	11	társaság f	14
szem f	9	**tart** i	10
szemben e	6	**táska** f	2
személy f	13	**tavaly** e	20
személyi m	19	távoli m	20
szemüveg f	10	**taxi** f	2
szendvics f	3	taxiállomás f	2
szép m	1	taxisofőr (-ök) f	12
szerda f	10	**te** e	1
szerencse f	19	**tea** f	3
szeret vt i	9	**téged** e	15
szerint e	8	**tegnap** e	20
szerkesztő f	7	**teherautó** f	16
sziget f	1	**tej (-et)** f	3
színes m	6	tejeskávé f	14
színész f	12	tejföl f	11
színésznő f	12	**tele** e	13
színház (-ak) f	9	**telefon (-ja)** f	2
szint (-je) f	5	**telefonál** i	7
szív f	10	**televízió** f	5
szívesség f	18	teljesen e	18
szó (szavak, szót) f	13	telt m	18
szoba f	1	**templom** f	1
szóda f	18	**tenger** f	10
szoknya f	4	tengerpart (-ja) f	19
szól i	14	teniszezik i	9
szombat f	10	**tényleg** e	17
szomjas m	7	**tér (terek)** f	3
szórakozás f	9	térd f	9
szorgalmas m	12	**terem (termek)** f	3
szőke m	10	**természet** f	15
szőlő f	11	**természetesen** e	5
szőnyeg f	6	**tessék** e	1
szörfözik i	9	**testvér** f	12
szükség f	11	**tesz vt** i	3
születésnap (-ja)	11	tészta f	14
szülő (szüleim) f	12	**tetszik** i	6
szünet f	9	**tévé** f	6
szürke m	4	téved i	19
tábla f	11	**tilos** m	16
talál vt i	15	**tiszta** m	1
találkozik vvel i	7	**titeket** e	15
talált m	19	titkárnő f	7
talán e	14	**tíz (tízet)** e	3
tanár f	1	**tó (tavak)** f	15
tanárnő f	1	**tojás** f	11
táncol i	5	**toll (-ak)** f	3

tolmács	f	11	ülőhely	f	16
torok (torkok)	**f**	**9**	**ünnep**	**f**	**12**
torta	f	11	üzletember	f	15
további	m	18	**vacsora**	**f**	**7**
továbbmegy (-menni)	i	9	**vacsorázik**	**i**	**6**
többet	e	20	**vagy**	**e**	**5**
többiek	**e**	**11**	vágyik	i	11
tőle	**e**	**17**	**vaj (-at)**	**f**	**11**
tölt vt	**i**	**11**	**valahol**	**e**	**14**
töltőtoll (-ak)	f	19	**valahonnan**	**e**	**14**
tömeg	**f**	**18**	**valahova**	**e**	**14**
török (-ök)	m	15	**valaki**	**e**	**14**
történelem (-lmet)	f	20	**valami**	**e**	**3**
történik	**i**	**16**	**valamilyen**	**e**	**14**
trafik (-ja)	**f**	**3**	**választ vt**	**i**	**14**
troli(busz)	f	4	**váll (-ak)**	**f**	**9**
tud vt	**i**	**9**	**vállalat**	**f**	**15**
tudományegyetem	f	17	**valóban**	**e**	**20**
túl	**e**	**1**	valójában	e	15
túró	f	14	**van**	**i**	**2**
tükör (tükrök)	**f**	**6**	**vár vt**	**i**	**2**
türelem (-lmet)	f	19	**vár (-ak)**	**f**	**8**
tűzoltó	f	7	**város**	**f**	**8**
uborka	f	13	városnézés	f	18
udvarias	**m**	**12**	váróterem (-termek)	f	10
udvariatlan	m	12	varr vt	i	9
úgy	**e**	**20**	**vasárnap (-ja)**	**f, e**	**10**
ugye?	**e**	**6**	**vásárol vt**	**i**	**11**
új	**m**	**1**	**vécé**	**f**	**6**
ujj (-ak)	**f**	**9**	**vég**	**f**	**17**
újság (-ja)	**f**	**6**	végállomás	f	16
újságíró	**f**	**1**	végez vt (végzek)	i	20
unalmas	**m**	**12**	végig	e	19
unatkozik	i	11	**végre**	**e**	**18**
unoka	f	12	végül	e	15
unokahúg	f	12	vegyes	m	13
unokaöcs (-öcsém, -öccse)	f	12	**vele**	**e**	**15**
unokatestvér	f	12	**vélemény**	**f**	**12**
úszik	**i**	**9**	**vendég**	**f**	**7**
uszoda	f	9	vendégség	f	11
út (utak, útja)	**f**	**3**	**vesz vt**	**i**	**8**
utál vt	i	18	**vezet vt**	**i**	**13**
után	**e**	**8**	vezetéknév (-nevek)	f	3
utána	**e**	**14**	**vidám**	**m**	**12**
utazási	m	5	**vidék**	**f**	**12**
utazik	**i**	**6**	**vigyáz vre**	**i**	**18**
utca	**f**	**3**	**világ**	**f**	**18**
útlevél (-levelek)	**f**	**19**	világhírű	m	18
utolsó	**m**	**17**	**világos**	**m**	**1**
üdítő	f	11	**villa**	**f**	**6**
üdvözöl vt	**i**	**13**	**villamos**	**f**	**4**
ügyes	**m**	**12**	villamosjegy	f	10
ügyetlen	m	12	villamosmegálló	f	8
ügyvéd (-je)	f	17	**virág**	**f**	**6**
ül	**i**	**2**	**visz vt**	**i**	**8**

viszont	e	15	vörösbor	f	11
visszajön	**i**	**8**	**zajos**	**m**	**5**
visszakap vt	i	19	**zene**	**f**	**5**
visszakér vt	i	14	zenekar	f	18
visszamegy (-menni)	**i**	**8**	zenész	f	14
vitamin (-ja)	f	10	**zöld**	**m**	**4**
vitorlázik	i	9	**zöldség**	**f**	**13**
víz (vizet)	**f**	**5**	zuhany	f	6
vizsga	**f**	**3**	zsebszámológép	f	19
vonat	**f**	**14**	**zsemle**	**f**	**3**
vő	f	12	zsíros	m	13
vőlegény	f	11	zsúfolt	m	7
vörös	m	11			

Akadémiai Kiadó Rt., 2005
A kiadásért felelős az Akadémiai Kiadó igazgatója
A szerkesztésért felelős: Pomázi Gyöngyi
Vezető szerkesztő: Kiscelli Piroska, Morvai Hajnalka
Termékmenedzser: Sztáryné Benkő Krisztina
Tipográfia: Sebestyén László
Tördelés: Starkiss Repro Stúdió

A nyomdai munkálatokat a Regia Rex Nyomda Kft. készítette, Székesfehérvár